MÁRIO MASCARENHAS

O Melhor da Música Popular Brasileira

Com cifras
para
Piano, Órgão, Violão e Acordeon

3.º Volume

© *Copyright 1982 by Irmãos Vitale S.A. Ind. e Com. - São Paulo - Rio de Janeiro - Brasil.*
Todos os direitos autorais reservados para todos os países - All right reserved.

220-A

Irmãos Vitale S/A Indústria e Comércio
Rua França Pinto, 42 - Vila Mariana - São Paulo
CEP. 04016-000 - Fone: 11 5081-9499- Fax: 11 5574-7388

DADOS INTERNACIONAIS DE CATALOGAÇÃO NA PUBLICAÇÃO (CIP)
(Câmara Brasileira do Livro, SP, Brasil)

Mascarenhas, Mário
O melhor da música popular brasileira : com cifras para piano, órgão, violão e acordeon, 3º volume/ Mário Mascarenhas – São Paulo : Irmãos Vitale.

ISBN nº 85-85188-87-1
ISBN nº 978-85-85188-87-0

1. Acordeon – estudo e ensino
2. Música – estudo e ensino
3. Música Popular (canções etc.) – Brasil
4. Piano – estudo e ensino
5. Órgão – estudo e ensino
6. Violão – estudo e ensino
   I – Título

97-4854.   CDD: 780.42098107

Índices para catálogos sistemáticos:
1.Música Popular Brasileira : Estudo e ensino
780.42098107

Mário Mascarenhas

Mário Mascarenhas é o autor desta magnífica
enciclopédia musical, que por certo irá encantar não
só os músicos brasileiros como também os músicos
de todo mundo, com estas verdadeiras e imortais
obras primas de nossa música

Ilustração original da capa - LAN

PREFÁCIO

Como um colar de pérolas, diamantes, safiras, esmeraldas, o Professor Mário Mascarenhas junta, nesta obra, as verdadeiras e imortais obras primas da Música Popular Brasileira, em arranjos para piano mas que também podem ser executados por órgão, violão e acordeon. A harmonização foi feita com encadeamento moderno de acordes.

Quando se escrever a verdadeira História da Música Popular Brasileira, um capítulo terá de ser reservado a Mário Mascarenhas. Em todo o seu trabalho ele só tem pensado na música popular do seu país. Horas a fio pesquisando, trabalhando, escrevendo música, ele se tornou o verdadeiro defensor de nossos ritmos, consagrando-se em todas as obras que já editou de nossa cultura musical.

A coleção, "O Melhor da Música Popular Brasileira", inicia-se com 5 volumes, contendo cada um 100 sucessos ocorridos nos últimos 60 anos, mostrando tudo o que se compôs no terreno popular desde 1920, quando a nossa música ensaiou os primeiros passos, que depois a consagraram dentro e fora do país.

A Editora Vitale, que agradece a colaboração das editoras que se fizeram presentes nesta obra, escolheu o Professor Mário Mascarenhas, não só pelo seu extraordinário talento musical demonstrado há mais de quarenta anos, como, também, pela excelência de seus arranjos e pela qualidade que ele imprime ao trabalho que realiza. São arranjos modernos, o que prova a atualidade do Professor, à sua percepção do momento, porque, para ele, os anos se foram apenas no calendário. Mário Mascarenhas continua jovem com seu trabalho, dentro de todos os padrões musicais em melodias que já passaram e de outras que ainda estão presentes.

Mascarenhas diz que o samba, com seu ritmo sincopado e exótico que circula em nosso sangue, atravessa nossas fronteiras e vai encantar outros povos, com sua cadência e ginga deliciosas. E a música popular brasileira, no seu entender é a alma do povo que traduz o nosso passado através dos seus ritmos sincopados, que herdamos dos cantos langorosos dos escravos trazidos em navios-negreiros, com seus batuques, lundus, maracatus, congadas, tocados e cantados nas senzalas.

Nossa Música Popular se origina também dos cantos guerreiros e danças místicas de nossos índios e principalmente na música portuguesa transmitida pelos jesuítas e colonizadores, como sejam as cantigas de roda, fados e modinhas falando de amor.

Diz ainda o Professor Mascarenhas que a nossa música popular é inspirada também nas valsas, quadrilhas, xotes, marchas e polcas, dançadas pelas donzelas de anquinhas, tudo como se fosse uma exposição de quadros de Debret, pintados com palheta multicor de tintas sonoras.

Hoje, cada vez mais incrustada em nosso sangue, a nova Música Popular Brasileira surge modernizada, com roupagem, estrutura e forma, criados por inúmeros compositores atuais, alicerçados, porém nas velhas raízes popularescas.

A Editora Vitale tem, portanto, orgulho de apresentar "O Melhor da Música Popular Brasileira" em um trabalho do Professor Mário Mascarenhas. Agradecimentos a todos os autores e todas as editoras que vieram colaborar nesta autêntica enciclopédia musical, a primeira que é apresentada no Brasil.

Everardo Guilhon

HOMENAGEM

Dedico esta obra, como uma "Homenagem Póstuma", ao grande incentivador de nossa Música Popular Brasileira, o Snr. Emílio Vitale.

AGRADECIMENTOS

Com o mais alto entusiasmo, agradeço aos meus grandes amigos que colaboraram com tanta eficiência, trabalho e carinho nos arranjos desta obra.

Foram eles: Thomaz Verna, diretor do Departamento Editorial de Irmãos Vitale, a Pianista Professora Belmira Cardoso, o conceituado Maestro José Pereira dos Santos e o notável Maestro e Arranjador Ely Arcoverde.

Numa admirável comunhão de idéias, cada um demonstrou sua competência e entusiasmo, compreendendo o meu pensamento e a minha ânsia de acertar e de realizar este difícil trabalho em pról de nossa Música Popular Brasileira.

À FERNANDO VITALE

Ao terminar esta obra, empolgado pela beleza e variedade das peças, as quais são o que há de melhor de nosso Cancioneiro Popular, deixo aqui minhas palavras de congratulações ao Snr. Fernando Vitale, idealizador desta coleção.

Além de me incentivar a elaborar este importante e grande trabalho, Fernando Vitale, foi verdadeiramente dinâmico e entusiasta, não poupando esforços para que tudo se realizasse com esmero e arte.

Ele idealizou e realizou, prevendo que esta coleção seria de grande utilidade para os amantes de nossa Maravilhosa Música Popular Brasileira.

À LARRIBEL E M.º MOACYR SILVA

Aos amigos Larribel, funcionário de Irmãos Vitale e M.º Moacyr Silva, meus agradecimentos pelo imenso trabalho que tiveram na escolha e seleção conscienciosa das peças.

ÀS EDITORAS DE MÚSICA

Não fôra a cooperação e o espírito de solidariedade de todas as EDITORAS, autorizando a inclusão de suas belas e imortais páginas de nossa música, esta obra não seria completa.

Imensamente agradecido, transcrevo aqui os nomes de todas elas, cujo pensamento foi um só: enaltecer e difundir cada vez mais nossa extraordinária e mundialmente admirada MÚSICA POPULAR BRASILEIRA!

ALOISIO DE OLIVEIRA
ANTONIO CARLOS JOBIM
ARY BARROSO
BADEN POWELL
"BANDEIRANTE" EDITORA MUSICAL LTDA
"CARA NOVA" EDITORA MUSICAL LTDA
"CRUZEIRO" MUSICAL LTDA
CARLOS LYRA
CHIQUINHA GONZAGA
EBRAU
"ECRA" REALIZAÇÕES ARTÍSTICAS LTDA
EDIÇÕES "EUTERPE" LTDA
EDIÇÕES "INTERSONG" LTDA

EDIÇÕES MUSICAIS "HELO" LTDA
EDIÇÕES MUSICAIS "MOLEQUE" LTDA
EDIÇÕES MUSICAIS "PÉRGOLA" LTDA
EDIÇÕES MUSICAIS "SAMBA" LTDA
EDIÇÕES MUSICAIS "SATURNO" LTDA
EDIÇÕES MUSICAIS "TAPAJÓS" LTDA
EDIÇÕES MUSICAIS "TEMPLO" LTDA
EDIÇÕES "TIGER" MÚSICA E DISCO LTDA
EDITORA "ARTHUR NAPOLEÃO" LTDA
EDITORA CLAVE MUSICAL LTDA
EDITORA "COPACOR" LTDA
EDITORA DE MÚSICA "INDUS" LTDA
EDITORA DE MÚSICA "LYRA" LTDA
EDITORA "DRINK" LTDA
EDITORA "GAPA-SATURNO" LTDA
EDITORA GRÁFICA E FONOGRÁFICA "MARÉ" LTDA
EDITORA MUSICAL "AMIGOS" LTDA
EDITORA MUSICAL "ARLEQUIM" LTDA
EDITORA MUSICAL "ARAPUÃ" LTDA
EDITORA MUSICAL BRASILEIRA LTDA
EDITORA MUSICAL "PIERROT" LTDA
EDITORA MUSICAL "RCA" LTDA
EDITORA MUSICAL "RCA JAGUARÉ" LTDA
EDITORA MUSICAL "RCA LEME" LTDA
EDITORA MUSICAL "RENASCÊNÇA" LTDA
EDITORA "MUNDO MUSICAL" LTDA
EDITORA "NOSSA TERRA" LTDA
EDITORA "RIO MUSICAL" LTDA
EDITORA MUSICAL "VIÚVA GUERREIRO" LTDA
ERNESTO AUGUSTO DE MATTOS (E. A. M.)
ERNESTO DORNELLAS (CANDOCA DA ANUNCIAÇÃO)
FERMATA DO BRASIL LTDA
"FORTALEZA" EDITORA MUSICAL LTDA
"GRAÚNA" EDIÇÕES MUSICAIS LTDA
GUITARRA DE PRATA INSTRUMENTOS DE MÚSICA LTDA
HENRIQUE FOREIS (ALMIRANTE)
I.M.L. — TUPY — CEMBRA LTDA
ITAIPU EDIÇÕES MUSICAIS LTDA
JOÃO DE AQUINO
"LEBLON" MUSICAL LTDA
"LOUÇA FINA" EDIÇÕES MUSICAIS LTDA
"LUANDA" EDIÇÕES MUSICAIS LTDA
MANGIONE & FILHOS CO. LTDA
MELODIAS POPULARES LTDA
"MUSIBRAS" EDITORA MUSICAL LTDA
"MUSICLAVE" EDITORA MUSICAL LTDA
"MUSISOM" EDITORA MUSICAL LTDA
PÃO E POESIA" EDIÇÕES MUSICAIS LTDA
PAULO CESAR PINHEIRO
RICORDI BRASILEIRA LTDA
"SEMPRE VIVA" EDIÇÕES MUSICAIS LTDA
"SERESTA" EDIÇÕES MUSICAIS LTDA
"TODAMERICA" MÚSICA LTDA
"TONGA" EDITORA MUSICAL LTDA
"TRÊS MARIAS" EDITORA MUSICAL LTDA
"TREVO" EDITORA MUSICAL LTDA

Mário Mascarenhas

Índice

	Pág.
A BAHIA TE ESPERA — Samba — Herivelto Martins e Chianca de Garcia	124
ABRE A JANELA — SAMBA — Arlindo Marques Jr. e Roberto Roberti	130
ADEUS BATUCADA — Samba — Sinval Silva	65
AGORA É CINZA — Samba — Bide e Marçal	56
ÁGUA DE BEBER — Samba Bossa — A. C. Jobim e Vinícius de Moraes	132
AMADA AMANTE — Roberto Carlos e Erasmo Carlos	242
AMIGA — Roberto Carlos e Erasmo Carlos	58
AQUELE ABRAÇO — Gilberto Gil	62
A RITA — Samba — Chico Buarque de Hollanda	240
ASA BRANCA — Baião Xóte — Luiz Gonzaga e Humberto Teixeira	102
ASSUM PRETO — Baião — Humberto Teixeira e Luiz Gonzaga	100
A VOLTA DO BOÊMIO — Samba Canção — Adelino Moreira	49
ATIRASTE UMA PEDRA — Samba Canção — Herivelto Martins e David Nasser	128
BARRACÃO — Samba — Luiz Antonio e Oldemar Magalhães	106
BERIMBAU — Samba — Baden Powell e Vinícius de Moraes	142
BODAS DE PRATA — Valsa — Roberto Martins e Mário Rossi	120
BOIADEIRO — Xóte — Armando Cavalcante e Klecius Caldas	104
BOTA MOLHO NESTE SAMBA — Samba Batucada — Mário Mascarenhas	140
BOTÕES DE LARANJEIRA — Samba Choro — Pedro Caetano	20
CAMINHEMOS — Samba — Herivelto Martins	22
CANSEI DE ILUSÕES — Tito Madi	108
CAPRICHOS DE AMOR — Balada — Jairo Aguiar e Mário Mascarenhas	24
CASA DE CABOCLO — Canção — Hekel Tavares e Luiz Peixoto	94
CASTIGO — Samba Canção — Lupicínio Rodrigues e Alcides Gonçalves	98
CHORA TUA TRISTEZA — Oscar Castro Neves e Luverey Fiorini	46
COM AÇÚCAR, COM AFETO — Samba Bossa — Chico Buarque de Hollanda	230
COM QUE ROUPA — Samba — Noel Rosa	29
CONSELHO — Samba Canção — Dênis Brean e Oswaldo Guilherme	144
DEBAIXO DOS CARACÓES DOS SEUS CABELOS — Roberto Carlos e Erasmo Carlos	134
DISSERAM QUE EU VOLTEI AMERICANIZADA — Chorinho — V. Paiva e L. Peixoto	11
DOIS PRÁ LÁ, DOIS PRÁ CÁ — João Bosco e Aldir Blanc	26
ÉBRIO — Tango Canção — Vicente Celestino	96
É COM ESSE QUE EU VOU — Samba — Pedro Caetano	228
ELA DISSE-ME ASSIM (VAI EMBORA) — Samba Canção — Lupicínio Rodrigues	16
ESTRELA DO MAR (UM PEQUENINO GRÃO DE AREIA) — M. Pinto e P. Soledade	226
EU E A BRISA — Johnny Alf	224
EU DISSE ADEUS — Roberto Carlos e Erasmo Carlos	214
EXALTAÇÃO A MANGUEIRA — Enéas B. da Silva e Aloisio A. da Costa	91
FALA MANGUEIRA — Samba — Mirabeau e Milton de Oliveira	82
FAVELA — Samba Canção — Roberto Martins e Waldemar Silva	222
FOLHETIM — Chico Buarque de Hollanda	150
GENERAL DA BANDA — Batucada — Satyro de Melo, Tancredo e José Alcides	220
GRITO DE ALERTA — Gonzaga Junior	114
INGÊNUO — Choro — Pixinguinha e Benedito Lacerda	88
LÁBIOS QUE BEIJEI — Valsa — J. Cascata e Leonel Azevedo	84
LOUVAÇÃO — Gilberto Gil e Torquato Neto	217
MANIAS — Samba Canção — Celso e Flávio Cavalcante	180
ME DEIXE EM PAZ — Ivan Lins e Ronaldo Monteiro de Souza	86

	Pág.
MEU BEM, MEU MAU — Caetano Veloso	54
MEU MUNDO CAIU — Samba Canção — Maysa Matarazzo	212
MOCINHO BONITO — Samba Canção — Billy Blanco	52
MORENA FLOR — Samba — Toquinho e Vinícius de Moraes	237
MORRO VELHO — Milton Nascimento	42
NA BAIXA DO SAPATEIRO (BAHIA) — Ary Barroso	205
NA RUA, NA CHUVA, NA FAZENDA — Hyldon	40
NÃO TENHO LÁGRIMAS — Samba — Max Bulhões e Milton de Oliveira	210
NEM EU — Samba Canção — Dorival Caymmi	200
NESTE MESMO LUGAR — Armando Cavalcanti e Klecius Caldas	32
NOITE CHEIA DE ESTRELAS — Cândido das Neves (Índio)	208
NOSSA CANÇÃO — Bolero Lento — Luiz Ayrão	148
O AMOR EM PAZ — Antonio Carlos Jobim e Vinícius de Moraes	193
O MOÇO VELHO — Canção — Sylvio Cesar	137
O PEQUENO BURGUÊS — Martinho da Vila	110
OPINIÃO — Samba — Zé Keti	234
O PORTÃO — Roberto Carlos e Erasmo Carlos	250
O TIC TAC DO MEU CORAÇÃO — Walfrido Silva e Alcyr P. Vermelho	198
PAZ DO MEU AMOR — PRELÚDIO N.º 2 — Luiz Vieira	196
PEDACINHOS DO CÉU — Choro — Valdyr Azevedo	202
PIVETE — Francis Hime e Chico Buarque de Hollanda	177
PONTEIO — Edú Lobo e Capinan	76
POR CAUSA DE VOCÊ MENINA — Samba — Jorge Ben	18
PRÁ MACHUCAR MEU CORAÇÃO — Samba — Ary Barroso	14
PRIMAVERA — Carlos Lyra e Vinícius de Moraes	190
PRIMAVERA NO RIO — Marcha — João de Barro	8
PROCISSÃO — Samba — Gilberto Gil	117
QUEM TE VIU QUEM TE VÊ — Samba — Chico Buarque de Hollanda	182
QUE PENA — Samba — Jorge Ben	186
QUE SERÁ — Marino Pinto e Mário Rossi	174
REALEJO — Samba Canção — Chico Buarque de Hollanda	244
RECADO — Samba — Paulinho da Viola e Casquinha	172
REZA — Edú Lobo e Ruy Guerra	72
ROSA — Valsa — Alfredo Vianna (Pixinguinha)	163
ROSA DE MAIO — Fox — Custódio Mesquita e Ewaldo Ruy	170
ROSA DOS VENTOS — Chico Buarque de Hollanda	246
SAMBA DO ARNESTO — Samba — Adoniran Barbosa e Alocin	184
SAMBA DO AVIÃO — Antonio Carlos Jobim	160
SAMBA DO TELECO-TECO — Samba — João Roberto Kelly	168
SAMURAI — Djavan	166
SAUDADE DA BAHIA — Samba — Dorival Caymmi	37
SAUDADE DE ITAPOAN — Baião Toada — Dorival Caymmi	158
SE VOCÊ JURAR — Ismael Silva, Francisco Alves e Nilton Bastos	74
SE NÃO FOR AMOR — Samba — Benito de Paula	70
SÓ LOUCO — Samba — Dorival Caymmi	68
TAJ MAHAL — Jorge Ben	123
TEM MAIS SAMBA — Chico Buarque de Hollanda	146
TRISTEZAS DO JÉCA — Toada — Angelino de Oliveira	80
TUDO É MAGNÍFICO — Samba Canção — Luiz Reis e Haroldo Barbosa	156
VINGANÇA — Samba Canção — Lupicínio Rodrigues	34
VOCÊ — Bossa Nova — Roberto Menescal e Ronaldo Boscoli	154
ZELÃO — Samba Médio — Sérgio Ricardo	152

Primavera no Rio

Marcha

João de Barro

© Copyright 1935 - Mangione & Filhos Comp. Ltda., sucessores de E. S. Mangione
Rua Coronel Batista da Luz, 26 - São Paulo - Brasil

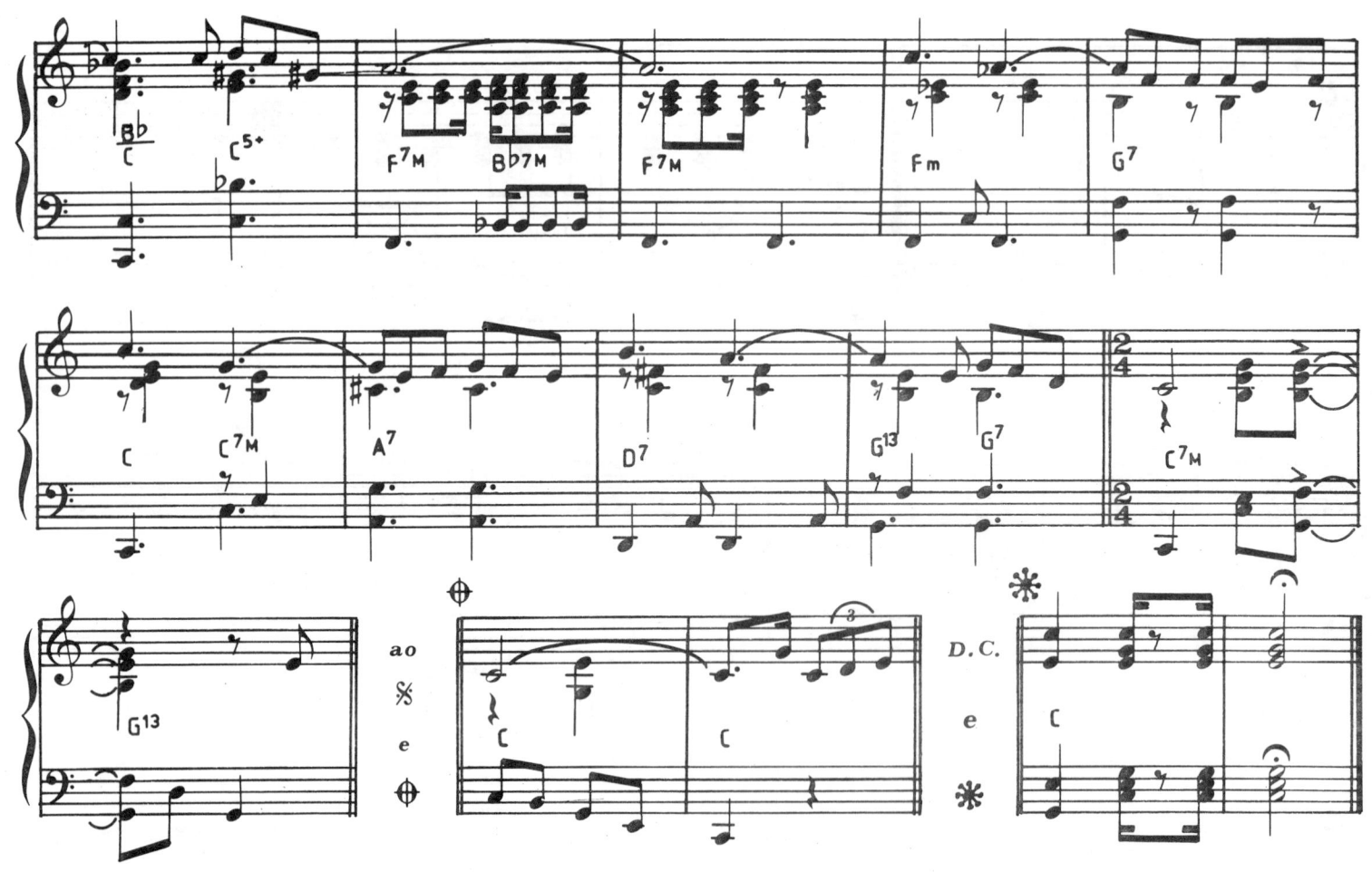

TOM — DÓ MAIOR
C   G7   C

Introdução: C G13

   C7M   F7 C7M
   O Rio amanheceu cantando
F7M Em7   A7   Dm7
   Toda a cidade amanheceu em flor
C7   F F#º C
   E os namorados vêm pra rua em bando
    A7 D7 G7 C
   Porque a Primavera é a estação do amor

   C7M
   Rio
F7M   Bb11+
   Lindo sonho de fadas
Am7   Em7 F7M
   Noites sempre e s t r e l a d a s
Am7 Em7 Dm
   E praias azuis
A7 Dm G13
   Rio
Dm   G13   Dm7 G13
   Dos meus sonhos   d o u r a d o s
Dm7 G13   Dm7 G13
   Berço dos namorados
Dm7 G13   Em Ebm9 Dm7 G13
   Cidade de luz

   C7M
   Rio
F7M   Bb11+
   Das manhãs prateadas
C   C7
   Das morenas queimadas
Bb
C C5+ F Bb7M
   Ao brilho do sol
F7M Fm
   Rio
G7   C
   És cidade desejo
A7   D7
   Tens a ardência de um beijo
G13 G7 C
   Em cada arrebol.

Disseram que eu voltei americanizada

Chorinho

Vicente Paiva
e Luiz Peixoto

TOM — DÓ MENOR
Cm   G7   Cm

Introdução: Fm   G9-   Cm   Bb   Cm9   Dm5-   G5+   Bbm7   Gm5-   C7   Fm9   Dm5-   Cm7   G7

I

Cm
Disseram que eu voltei   Dm5-   G5+ Cm
americanizada
    Cm9   Dm5-
Com o "burro" do dinheiro
   G7   Cm
que estou muito rica,
         C7   Fm7
que não suporto mais o breque do pandeiro
     D7   G7
e fico arrepiada ouvindo uma cuíca.

                Dm5-   G5+ Cm
Disseram que com as mãos estou preocupada
   Db7   C7   Fm
e corre por aí — que eu sei — um certo zum-zum
    Fm
     Ab   G7   Cm
que já não tenho molho, ritmo, nem nada
         Ab   G7   Cm
e dos balangandans, já não existem mais nenhum.

II

                                    Eb
              Bb7   Bb
Mas prá cima de mim, prá que tanto veneno
    Fm
     Ab   G9-   C7
eu posso lá voltar americanizada
   C9-   Fm   G7   Cm7
eu que nasci com o samba, e vivo no terreiro
    Cm
     Bb   Ab7   G7
topando a noite inteira, a velha batucada

    G5+   C7   F9
Nas rodas de malandros, minhas preferidas
                                  Eb7M
    F13   Bb7   Bb
eu digo mesmo que te amo, e nunca "I love you"
    Fm7   Dm5-
enquanto houver Brasil,
    G7   Cm7
nas horas das comidas
    Cm   Fm
    Bb   Ab   G7   Cm
eu sou do camarão ensopadinho com "xuxú".

Prá machucar meu coração

Samba

Letra e Música de
Ary Barroso

TOM — SOL MAIOR
```
        G     D7    G
                  C7M
Introdução:  D    Bb7   Am7   G7M
```

```
    G7M  Am7 A#m7 Bm7   A#dm         Am    Am7
    Tá  f a z e n d o   ano   e meio amor
                        6
        D7      D13     G9        G7M   Am
    Que nosso lar       desmoronou
    Dm9        G13 G5+          C7M
    Meu sabiá         meu violão
    C7M9         Cm6       G
        E uma cruel   desilusão
            G7M
        B        Am7  Bm7  Esus  E7
    Foi tudo o que ficou
        Am       Am7
    Ficou ô ô
                                 G6
    D7         D9     D9-  G6    9  D9-
    Prá machucar meu coração
```

```
        A7         D7      G      Em7
    Quem sabe não foi bem melhor assim
                                5-
        A7         D7     F#7    B13  B7
    Melhor prá você e melhor prá mim
    Esus                E7
        O mundo é uma escola
                    A7
        Onde a gente precisa aprender
                        C
        F#m5-    D
    A ciência de viver
                    D7
    Prá não sofrer
```

Ela disse-me assim
(Vá embora)

Samba-Canção

Lupicínio Rodrigues

TOM — Sib MAIOR
Bb   F7   Bb

Introdução: *Cm7   FEb   F7   Bb   Gm7   G9*

       Cm
Ela disse-me assim
      Eb
    F   F7   Bb   Eb7M
Tenha pena de mim, vá embora
         Cm
Dm7   G7   Eb
Vais me prejudicar
     Eb
 Cm7   F   F7   Bb   Eb7M   Dm7
Ele pode chegar, está na hora
Cm7   Bb   Bb6   Gm7
E eu não tinha motivo nenhum
    Cm7
Para me recusar
    Eb
Dm7   F   F7
Mas aos beijos caí em seus braços
    Bb   Bb7M   Ab7
E pedi pra ficar

       Cm
G7   *Eb*
Sabe o que se passou
     Eb
Cm7   F   F7   Bb   Eb7M
Ele nos encontrou, e agora
Dm7   Fm   Bb13
Ela sofreu somente porque,
       Eb7M
Foi fazer o que eu fiz
Ab
Bb   Eb7M   Ebm
E o remorso está me torturando
Ab7   Bb6   Eb7M   Dm7
Por ter feito a loucura que eu fiz
G7   Cm7
Por um simples prazer
 F9   F13   Bb   Dm7   G7
Fui fazer meu amor infeliz.

Por causa de você menina

Samba

Jorge Ben

TOM — LÁ MENOR
Am   E7   Am

Introdução: Am7 D7 Am D7 Am9 D9 Am7 ^{D9}A

       Am7   D7
Por causa de você
     D7
     A   Am7 D7
Bate em meu peito
Am   Dm
  Baixinho quase calado
              G13   C7M
Um coração apaixonado por você
F7M E7
Menina
               E7
   Am7 Am6   Bm7 B   Am7 Am6
  Menina   que não sabe quem eu sou
               F
Am7 D7   Am7 Am6   A   E7   Am7 D7
      Menina   que não conhece o meu amor
Am7 D7   Dm7
Pois você passa e não me olha

                           E7
G7   C7M B
Mas eu olho pra você
Am7   Dm7
Você não me diz nada
                      E7
G7   C7M B Am7
Mas eu digo pra você
     Gm7   F7M Em7
Você por mim não chora
Bis   Am
Mas eu choro por você
          Dm
Dm7   C   Cm6
Saiupá, saiupá, saiupá
B°   Am7 D7
Saiupá, saiupá, pá

Botões de Laranjeira

Samba-Choro

Pedro Caetano

© Copyright 1942 by E. S. Mangione e Filhos - S. Paulo - Brasil
Todos os direitos autorais reservados - All Rights Reserved

TOM — Sib MAIOR
Bb   F7   Bb

Introdução: Eb   Cm7   Bb   G7   C7   F7   Bb

      F13   Bb   F7   Bb
Maria Magdalena dos Anzóis Pereira
     Eb7M   Dm9   G7   Cm
Teu beijo tem aroma de botões de laranjeira
F7   Cm7   F7
Mas a pretoria   não é brincadeira
        Cm7   F7   Bb
Maria Magdalena dos Anzóis Pereira

      F13   Bb   F7   Bb
Em plena liberdade eu ia passo a passo
   9
   Eb7M   Dm9   G7   Cm
Quando   teus olhos verdes me atiraram um laço
F7   Cm7   F7
Agora estou na forca de qualquer maneira
      Cm   F13   Bb
Maria Magdalena dos Anzóis Pereira

        Gm7   Cm7
Eu fui te dando corda despreocupado
     F7   Bb
E quando dei por ela já estava amarrado
       Gm7   F7
E quem levou vantagem com a brincadeira
    Cm7   F7   Bb
Maria Magdalena dos Anzóis Pereira.

Caminhemos

Samba

Herivelto Martins

© Copyright 1947 by Irmãos Vitale S.A. Ind. e Com. S. Paulo - Rio de Janeiro - Brasil
Todos os direitos autorais reservados para todos os países - All rights reserved

TOM — DÓ MENOR
Cm   G7   Cm

Introdução: *Fm7 Dm7 G7 Cm Dm5- G7*

Cm   Ab7   G7   Gm5- C7
Não, eu não posso lembrar que te amei
Fm   Dm5-   G7   Cm7 Dm7 G7
Não, eu preciso esquecer que sofri,
Gm7 C7   Bbm7   C7
Faça   de conta que o tempo passou,
Bbm7   C7
E que tudo entre nós terminou,
Gm5-   C7   Fm   Dm5-
E que a vida não continuou prá nós dois
G7   Cm   D7 G7   Cm
Caminhemos, talvez nos vejamos depois.
*   Fm*
G7   Ab   G7   B° Cm
Vida comprida, estrada   alongada,
C7   Gm7
Parto a procura de alguém
*   C7   E° Fm*
Ou a procura de nada...
Fm9   Fm
*   Eb   Dm5-*
Vou indo, caminhando,
*   Cm   Ab7M*
Sem saber onde chegar,
*   Dm5-*
Quem sabe na volta
*   G7   Cm Dm5- G5+*
Te encontre no mesmo lugar.

Caprichos de Amor

Balada

Mário Mascarenhas
e Jairo Aguiar

© Copyright 1957 by Irmãos Vitale S.A. Ind. e Com. S. Paulo - Rio de Janeiro - Brasil
Todos os direitos autorais reservados - All rights reserved

TOM — RÉ MAIOR
D   A7   D

Introdução: Am7 D7 G C9 D7M Bm Em A7 D A13

     D   Bm   Em   A7
Existe uma lei formulada por Deus:
    D   Bm
"Amai-vos uns aos outros
   Em   A7
E sereis filhos meus";
    D   F°   Em
Meu amor, entretanto, um dia,

Em7   A7   Em7
Me deixou , certo que eu sofreria

A7   D   Bm   Em   A7
Eu sei e não sei o que hei de fazer.
    D   Bm   Em   A7
Só sei que hei de ver meu amor me querer;
   Am7   D7
Há caprichos no céu,
    C9
Há caprichos no mar,
                      G   G
   D7M   Em   A D A A7
Mas o capricho da mulher é torturar

                                G
              D7M   Em7 A   D
Para terminar: Mas o capricho da mulher é torturar

Dois prá lá, dois prá cá

João Bosco e Aldir Blanc

TOM — MI MENOR
Em   B7   Em

Introdução: Am7 C#m5- F#7 F#m5- B7 C7M Am9

```
Em                    Bm7
   Sentindo frio em minh'alma
Em7                 Bm7
   Te convidei pra dançar
Em7                Bm9
   A tua voz me acalmava
                            9
C#9+                      F7M
      São dois prá lá, dois prá cá.
B5+       B7    G7M
   Meu coração traiçoeiro
C#m7    F#5+       Bm5-
   Batia mais que um bongô
 E7                    Am5-
   Tremia mais que as maracas
F#5-       Bsus   Em7
   Descompassado de amor


Em                    Bm7
   Minha cabeça rodando
Em7                    Bm9
   Rodava mais que os casais
Em7                    Bm7
   O teu perfume — Gardênia
C#9+              F7M
   E não me perguntes mais
B5+       B7    G7M
   A tua mão no pescoço
C#m7    F#5+       Bm7 Bm5-
   As tuas costas  macias
 E7                   A7
   Por quanto tempo rondaram
 C
 D         D9     Bm5
      As minhas noites vazias
 E7             Em7   A7
   No dedo um falso brilhante
 C
 D      D9    Dm7  G7
      Brincos iguais ao colar
    6
 C9                   F#5+
      E a ponta de um torturante
 B9-       Bm5-
   Band aid no calcanhar
E5+             Em7   A7
   Eu hoje me embriagando
Am7       A°     Dm
   De uisque com guaraná
    C       C7M    F#5+
   Ouvi tua voz murmurando
                              F7M B7
F#m5-         B5+      Em    11+ Em
      São dois pra lá, dois pra cá!
```

Com que roupa

Samba

Noel Rosa

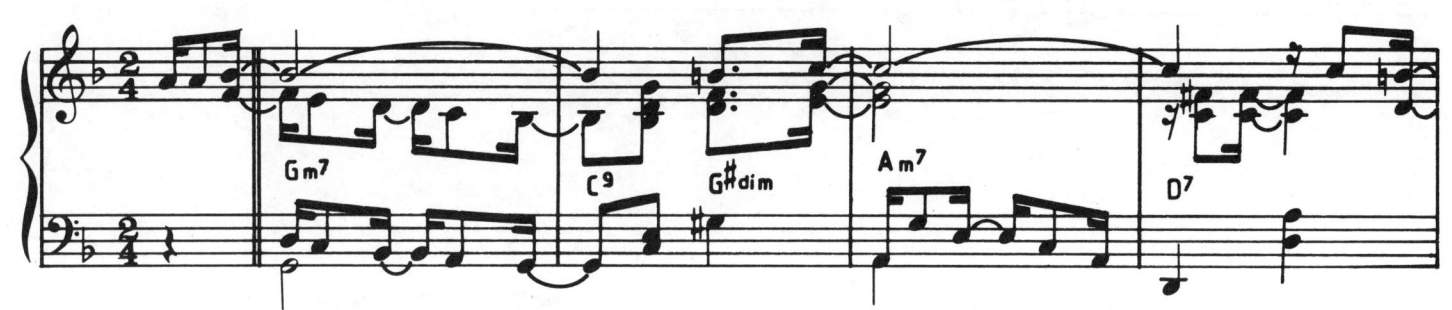

© Copyright 1930 by EDITORIAL MANGIONE S.A. Sucessora de E. S. Mangione - São Paulo - Rio de Janeiro - Brasil.
Todos os direitos autorais reservados para todos os países - All Rights Reserved

TOM — FÁ MAIOR
F   C7   F

Introdução: Gm7 C9 G#dm Am7 D7 G7 C7 F Gm7 C13

I

     F7M   Gm7   Am7
Agora vou mudar   minha conduta,
Gm4   F7M
Eu vou pra luta,
     D9   Gm Gm7
Pois eu quero me aprumar...
Gm7   D5+   Gm7 Db7
Vou tratar você   com a força bruta,
C7   C9   F
Pra poder me reabilitar,
          C7   F
Pois esta vida não está sopa...
    Bb
F   C   C7   Eb11+
E eu pergunto: com que roupa?

Estribilho:

F7   Am7   D7   Gm
Com que roupa, com que roupa, que eu vou,
    Gm   C7   F7M
Pro samba que você me convidou?
D7   Gm7 C7   G#° F
Com que r o u p a que eu vou,
D7   G7   C7   F
Pelo samba que você me convidou?

II

    F7M   Gm7   Am7
Seu português agora deu o fora
Gm4   F7M
Já foi-se embora,
   D7   Gm Gm7
E levou seu capital,
Gm7   D5+   Gm7 Db7
Esqueceu quem tanto amou o u t r o r a,
C7   C9   F
Foi no "Adamastor" pra Portugal.
       C7   F
Pra se casar com uma cachopa...
    Bb
F   C C7   Eb11+
E agora, com que roupa?

Estribilho:

III

    F7M   Gm7   Am7
E hoje estou pulando como sapo,
Gm4   F7M
Pra ver se escapo,
    D7   Gm Gm7
Desta praga de urubú...
Gm7   D5+   Gm7 Db7
Já   estou coberto de farrapo,
C7   C9   F
Eu vou acabar ficando nú...
       C7   F
Meu paletó virou estôpa
    Bb
F   C C7   Eb11+
E eu nem sei mais com que roupa...

Estribilho:

IV

    F7M   Gm7   Am7
Agora eu não ando mais fagueiro
Gm4   F7M   D9   Gm Gm7
Pois o dinheiro não é fácil de ganhar
Gm7   D5+   Gm7 Db7
Mesmo eu sendo um cabra trapaceiro
C7   C9   F
Não consigo ter nem para gastar
      C7   F
Eu ja corri de vento em pôpa
    Bb
    C C7   Eb11+
Mas agora, com que roupa?

Estribilho:

Neste mesmo lugar

Samba-Canção

Armando Cavalcanti e
Klecius Caldas

© Copyright Agosto 1956 by EDIÇÕES EUTERPE LTDA.
Rua 7 de setembro 98 - 3.º and. — Rio de Janeiro - Brasil.
Todos os direitos internacionais reservados - All rights reserved.
Todos os direitos de execução, tradução e arranjos reservados para todo o mundo.

TOM — DÓ MAIOR
C   G7   C

Introdução: F7M   F#m5-   B7   Em9   A7   A9   G   G7   G   A9
                                                               F   C

           F
Dm7   G
Aqui, neste mesmo lugar,
     C   C7
G13   G   G   C7M
Neste mesmo lugar de nós dois,
  B7   F#m5-
Jamais eu podia pensar
B7   Em7   Em5-
Que voltasse sozinho depois!
A7   Dm7   E9-
O mesmo garçon se aproxima...
               Am
  Am7   G
Parece que nada mudou.

       C
    D   D7
Porém, qualquer coisa não rima
   Dm7   Em9
Com o tempo feliz que passou!
   Dm7   F
A7 F   G
Por uma ironia cruel
        C
G13   G   Bb7 C7M
Alguém começou a cantar
  B7   F#m5-
O samba canção de Noel
B7   Em7   Gm7 C7
Que viu nosso amor começar.

  F7M Fm6
Só falta agora
  C
  G
A porta se abrir
Bis D13   Dm7   Dm9
E ela ao lado de outro chegar
  G7   Em5-
E por mim passar
        A7
Sem me olhar.

Vingança

Samba-Canção

Lupicínio Rodrigues

© Copyright 1951 by Impressora Moderna Ltda. - Brasil
© Copyright assigned 1952 to CEMBRA Ltda - São Paulo - Brasil
Todos os direitos autorais reservados para todos os países - All Rights Reserved

TOM — DÓ MAIOR
C   G7   C

Introdução: F7M Fm7M   C7M/G F7M Em7 A7 Dm7 G7 Em7 Am7 G13

```
G13      C  Bb9
     Eu gostei tanto,
     A5+             Dm
     Tanto quando me contaram
G7            Dm7
     Que lhe encontraram
          Dm     Fm
          C      Ab
     Bebendo, chorando
           G7      C   Dm7
     Na mesa de um bar,
G7       C7M         Em
     E que quando os amigos do peito
         Am6       Dm Dm9
     Por mim p e r g u n t a r a m
G7       Dm9        G7
     Um soluço cortou sua voz,
                  Em7 Am9 Am6
     Não lhe deixou falar.
G13       C6 Bb9
     Eu gostei tanto,
     A5+             Dm
     Tanto quando me contaram
                Dm
A7       Dm    C       Am
     Que tive mesmo de fazer esfôrço
          G7    C  Am9 Dm9
     Pra ninguém notar.
                     C
G7       C7M         E
     O remorso talvez seja a causa
            Dm7
     Do seu desespêro
         4
Dm9      Gsusp           G7
     Ela deve estar bem consciente
              C   C7M
     Do que praticou,
         C9
G7       E           A5+
     Me fazer passar tanta vergonha
         A7      Dm
     Com um companheiro
         Dm9
     E a vergonha
              G7              Fm7
     É a herança maior que meu pai me deixou;
                              C
         C7M                  E
     Mas, enquanto houver voz no meu peito
               Dm7
     Eu não quero mais nada
         4
         Gsusp           G7
     De pra todos os santos vingança
              C   C7M
     Vingança clamar,
         C9
G7       E           A5+
     Ela há de rolar qual as pedras
         A7      Dm
     Que rolam na estrada
G7       Dm7            G7
     Sem ter nunca um cantinho de seu
                C7M Fm7 Ab7M Fm7 C
     Prá poder descançar.
```

Saudade da Bahia

Samba

Dorival Caymmi

Gm7 A° D7 G7 G13 Bb/C C7
F7M Em7 A7 Dm7 D9-
Gm D9- G7 Cm7 F13
Bb Bb7M B° F7M/C F/Eb D7
Gm7 Bb/C C7 F7M Bbm6 F D9-
Gm7 C7 F7M Gm7 Am7 D9-

TOM — FÁ MAIOR
F   C7   F

Introdução: Gm7 Gm9 $\overset{Bb}{C}$ C7 F7M Eb7 Am5- D9- $\overset{Gm}{Bb}$ Gm7 $\overset{Bb}{C}$ C7 F7M C9 $\overset{9}{F6}$

I

F7M   Em7   A7   Dm7   Am5- D9-
Ai,   que saudade eu tenho da Bahia
Gm7   D9-   Gm7 F7 F13
Ai,   se eu escutasse o que mamãe dizia
                                    7
Bb7M   B°   F7M F9M
Bem,   não vai deixar a sua mãe aflita

        Eb11+   D7   Gm7
A gente faz   o que o coração dita
                                       Bb
         A°   D7   G7   G13 C C7
Mas, este mundo é feito de maldade,   ilusão
F7M   Em7   A7   Dm7 D9 -
Ai,   se eu escutasse hoje não sofria
Gm   D9-   G7   Cm7 F13
Ai,   esta saudade dentro do meu peito
                             F7M
Bb Bb7M   B°   C
Ai, se   ter saudade é algum defeito
      F
      Eb   D7   Gm7
Eu pelo menos mereço o direito
      Bb
      C   C7   F7M   Bbm6 F D9-
De ter alguém com quem eu fosse me confessar

II

Gm7   C7
Ponha-se no meu lugar
         F7M   Gm7   Am7
E veja como sofre um homem infeliz
                                  Bb
D9-   Gm   C
     Que teve que desabafar
C7   F   Gm   Am7
Dizendo a todo mundo o que ninguém diz
D7 Gm   C7
Veja que situação
       F7M   Eb7 D7
E veja como sofre um pobre coração
Gm7   C7
Pobre de quem acredita
              F   Gm
              C   C   F7M C9-
Na glória e no dinheiro para ser feliz.

Na rua, na chuva, na fazenda

(Casinha de sapê)

Hyldon

TOM — RÉ MAIOR
D   A7   D

Introdução: *D7M   Dm9*

Gm7
Não estou disposto
Gm7   *D*
A esquecer seu rosto de vêz
   Em7   *D*
E acho que é tão normal
Gm7
Dizem que sou louco
Gm7   *D*
Por eu ter um gosto assim
   D
Gostar de quem não gosta de mim

BIS {
Gm7   *C7*   *Gm7*
Jogue suas mãos para o céu
              C7   *F*
E agradeça se acaso tiver
                    Bb   *F7M*
Alguém que você gostaria que
     Bb   *Em*
Estivesse sempre com você
              A7   *Em7*
Na rua, na chuva, na fazenda
        A7   *D*
Ou numa casinha de sapê.
}

Morro Velho

Milton Nascimento

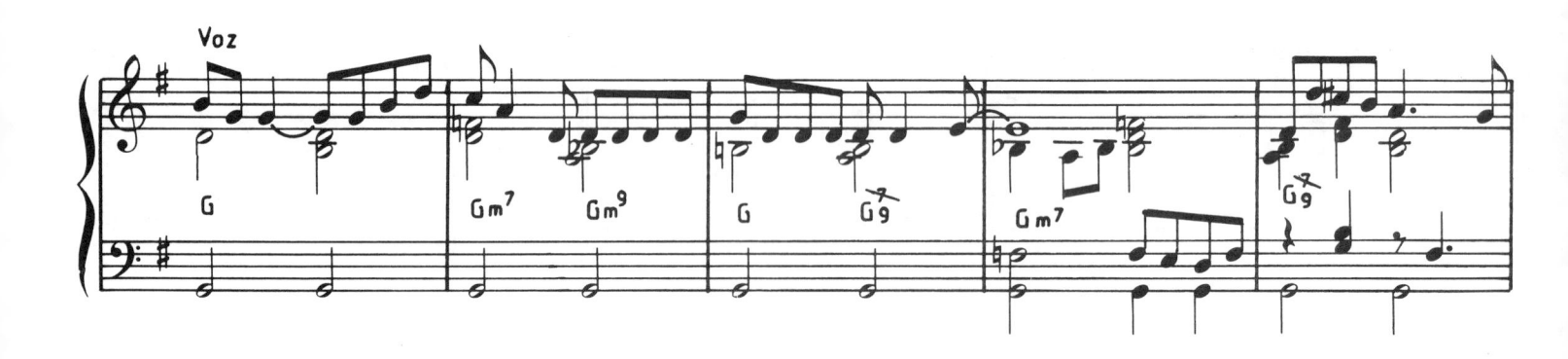

43

Em7
Gm7
Em
Gm7
Em7
Gm
Em
Em 7
Gm7
Em7
Gm7
Em7
Gm7
Em
G
G
G 7M
F#m7
F 7M
Em7
G
A/G
F 7M
Am7
D9-
G
G 7M
Gm7
Gm9
al
e
G9
G 7M
Gm7
9
G11+

TOM — SOL MAIOR
G   D7   G

Introdução: G   G   D   G7M   G7   Am   Cm   G
                                       G   G

    G   Gm7
No sertão da minha terra
  Gm9   G
Fazenda é o camarada
       G9   Gm7
Que ao chão se deu
 G   Gm7
Fez a obrigação com força
  Gm7   G C9- C7M
Parece até que tudo aquilo ali é seu
C7M   F7
Só poder sentar no morro
            G
E ver tudo verdinho
          Gm7
Lindo a crescer 7
 G   G9
Orgulhoso camarada
   Gm7   G7M
De viola em vez de enxada

 G   Gm7
Filho de branco e do preto
  Gm9   G9
Correndo pela estrada
      6
   Gm9
Atrás de passarinho
G   Gm7
Pela plantação adentro
             G
Crescendo os dois meninos
      E
 G   C7M
Sempre pequeninos
C7M   Cm6
Peixe bom dá no riacho
         G9
De água tão limpinha
G7M
 9   Gm9
Dá pro fundo ver
   G   Gm7
Orgulhoso camarada
         Gm
Gm9   F   G9
Conta histórias pra moçada

 Em7   Gm7   Em
Filho do sinhô vai embora
Gm7   Em7   Gm Em
E tempo de estudos na cidade grande
Em7 Gm7   Em7
Parte, tem os olhos tristes
   Gm7   Em7   Gm7   Em
Deixando o companheiro na estação distante
G   F m7
Não me esqueça amigo
  F7M   Em7
Eu vou voltar
       A
G   G
Some longe o trenzinho
  F7M   Am9 D9-
Ao Deus-dará

G   G7M   Gm7
Quando volta já é outro
                             6
     Gm9   G9   Gm9
Trouxe até sinhá mocinha pra apresentar
G   Gm7
Linda como a luz da lua   E
                 G   G   C7M
Que em lugar nenhum rebrilha como lá
C7M   Cm6
Já tem nome de doutor
        7
      G9
E agora na fazenda
 7M
G9   Gm9
E quem vai mandar
       G   Gm
E seu velho camarada
        Gm   9
Gm9   F   G9 G7M Gm7 G11+
Já não brinca, mas trabalha.

Chora tua tristeza

Oscar Castro Neves
e Luvercy Fiorini

F 7M
Em9
A7
Dm
3
Dm7
Cm7
F13
Bb7M
Eb7
F 7M
D7
G13
G13-
Gm7
C7
F
Bm7
E9-
Am7
Am
G
B7
E9-
Am7
D9
Gm7
C7
F 7M
F 7M
Em7
A7
Dm
Dm
Cm7

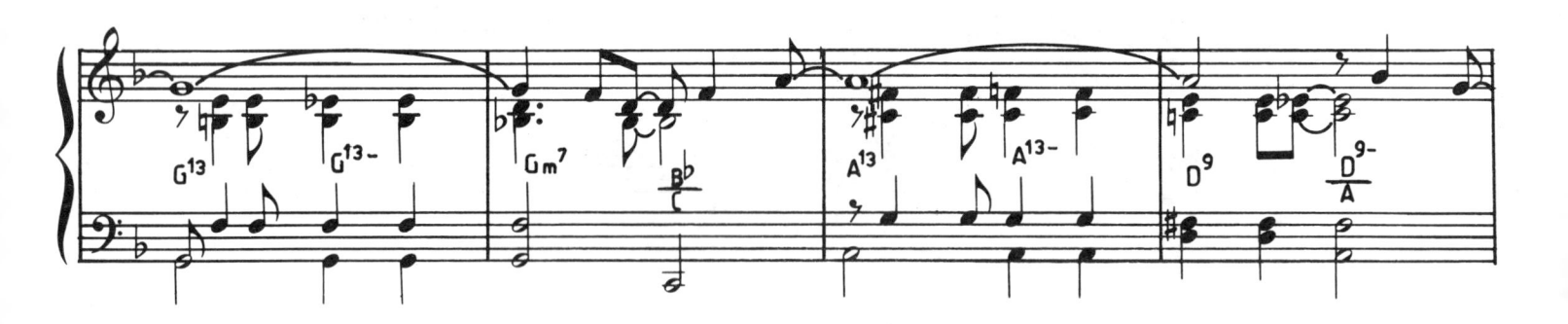

TOM — FÁ MAIOR
F   C7   F

Introdução: Gm C susp A13 A13- D7 D9- Gm C C7 F Am7 Gm7 C13
                    4   Bb

      F7M   Em9 A7
Chora, que a tristeza
   Dm   Dm7   Cm7
Foge do teu olhar
                     9 F7M
F13   Bb7M   Bbm6   A   Dm7
Brincando de esquecer, saudade vai passar
                     G9-
  Gsusp G7   Gm7   5+
E amor já vai chegar

      F7M   Em9 A7
Então... canta que a beleza
   Dm   Cm7
Volta pra te encantar
F13   Bb7M   Eb7
Num sonho tão pequeno
        F7M   D7   G13 G13- Gm7 C7   F Bm7 E9-
Que o dia escondeu guardando   prá te dar

               Am
Am7   G   B7   E9- Am
É tão bonito gostar e querer ficar
        D9   Gm7   C7
Com alguém pra quem possa dizer
                  E9
  F7M   Em7A7
Olha, quantas estrelas
  Dm   Cm7
Nascem pra te encontrar,
                    6
F7   Bb7M   Bbm9
Depois do céu azul
   F7M   D7
A noite vai chegar
              Gm7
 G13 G13- Bb A13 D9
E eu pra te amar

D9-   Gm7
A G13 G13- C7   F   D7
E eu pra te amar

A volta do Bohemio

Samba-Canção

Adelino Moreira

3
Am9
Dm7
Dm7
Dm
E
E7
Cm7
F7
Am9
C7
G
C7
F7
Dm
E
Am
Am9
Am
G
Dm
F
Dm
E
E7
Am9
Bm5-
E7
Am7
Am7
Dm9
G7
G7
Cm7
F13
F9
1.
E susp
E7
Am
F#m5-
B7
Em7
Em9

TOM — LÁ MENOR
Am   E7   Am

Introdução: F7   F13   Bm5-   E^Dm   Am7   F7M^7M   F9   Dm7   Bm5-   E   F°   Am   Am9   Bm4   E9-

        Am7   Am9
        Boemia...
Am7   Dm
    Aqui me tens de regresso
           Dm7
Dm   E   E7
E   suplicante te peço
F7   Am   Am4
   A minha nova inscrição
E7   Am7   G7
Voltei   pra rever os amigos que um dia
  G13   G13   F7
  Eu deixei a chorar de alegria
  F13   F9   Esus   E7
  Me acompanha o meu violão
    Am7
    Boemia...
Am9   Dm7
    Sabendo que andei distante
           Dm
      Dm7   E
    Sei que essa gente falante
    Cm7   F7   Am9
    Vai agora ironizar:
  C7
  G   C7   F7
  — Ele   voltou
    Dm
    E   Am   Am9
    O boêmio voltou novamente
Am9   Dm
    Partiu daqui tão contente
Dm
E   E7   Am9   Bm5-
Porque razão quer voltar?

E7   Am7
   Acontece
    Am7   Dm9   G7
Que a mulher que floriu meu caminho
   G7   Cm7
De ternura, meiguice e carinho
F7   F7   Esus
Sendo a vida do meu coração
E7   Am
   Compreendeu
   F#m5- B7   Em7
E abraçou-me dizendo a sorrir:
   G7   F#m5-
— Meu amor, você pode partir
  B7   E7
Não esqueça o seu violão
E9-   Am
  Vá rever
    Am7   Dm   G7
Os seus rios, seus montes, cascatas
   G7   Cm7 F7
Vá sonhar em novas serenatas
                   Am
  F7   Am   G
E abraçar seus amigos leais
   Dm
   F
Vá embora
   Bm5-   Am7   Am9
Pois me resta o consolo e alegria
   Gm6   F7
Em saber   que depois da boemia
   E7   Am9
É de mim que você gosta mais.

Mocinho Bonito

Samba - Chôro

Billy Blanco

© Copyright 1956 by Irmãos Vitale S.A. Ind. e Com. - São Paulo - Rio de Janeiro - Brasil
Todos os direitos autorais reservados para todos os países — All Rights Reserved.

TOM — DÓ MAIOR
C G7 C

                                       G
Introdução: F#m5- F#dm Em7 Am7 F7M F Em7 Dm7 G13

```
              9
G13          C7M
   Mocinho bonito
     Am7     F7M         Em9
   Perfeito improviso do falso granfino
     Am7    Em7    A7      Dm7
   No corpo é atleta, no crânio é menino
     Dm9      G7          Bb7 A7 D7
   Que além do ABC nada mais aprendeu
       G7    C7M
   Queimado de sol
     Am7     F7M          Em7
   Cabelo assanhado com muito cuidado
     Am7    Em7    A7       Dm
   Na pinta de conde se esconde um coitado,
            G13             Gm7 Bb
   Um pobre farsante que a sorte esqueceu.
```

```
                     F7M
   Contando vantagem
      F79      F7M           F7M
   Que vive de renda e mora em palácio
      F79      Dm       Dm9     Fm
   Procura esquecer um barraco no Estácio
      Bb    Fm7        Bb7    Eb5+ Ab7M
   Lugar de origem que há pouco deixou
Dm9    G7    C7M
   Mocinho bonito
      Am     F7M           Em9
   Que é falso malandro de Copacabana
     Am7    Em7      A7        Dm
   O mais que consegue é "vintão" por semana
       Dm9     G7            Bb7 A7 D7
   Que a mana do "peito" jamais lhe negou.
```

```
     G7         C7M  Bb11+       Em5- G
   Mocinho bonito      mocinho bonito
     A7    Dm7 G13    G13      Fm7 C
   Mocinho bonito,    mocinho bonito
```

Meu Bem, Meu Mal

Caetano Veloso

TOM — FÁ MAIOR

F   C7   F

Introdução: Gm7 C9- F C Bb

       F   Em5-
Você é meu caminho
A7   Dm   Cm7
Meu vinho, meu vício
   F7   Bb   Bbm6
Desde o início estava você
C13   F   Em5-
Meu balsamo benigno
A7   Dm   G7   Cm
Meu signo,   meu guru
 F7   Bb   Eb7
Porto seguro onde eu vou ter
    Am5-   D7
Meu mar e minha mãe

    G7   Gm7 Gm7
Meu medo e meu champagne
  Am5-   D9-   Gm7M
Visão do espaço sideral
Bbm6   Gm5- C9-
Onde o que eu sou se afoga
    Am7   D7
Meu fumo e minha ioga
  Gm7   C7
Você é minha droga
C9 Cm   B7 B5+
Paixão e carnaval
Bb   C9-   F7M
Meu Zem, meu bem, meu mal **(4 vêzes)**

Agora é cinza

Samba

Alcebíades Barcellos
e Vieira Marçal

TOM — DÓ MAIOR
C   G7   C

Introdução: C7M   Bb7   A7   Dm   F7M $\overset{F}{G}$ $\overset{F}{C}$ G7 $\overset{6}{C9}$ Dm9   G7

G7   Em7 A7 Dm
   Você   partiu
              G7
   Saudades me deixou
   G5+   Em7 Dm9
   Eu chorei
$\overset{6}{C9}$
          Em7
   O nosso amor
   Am7   Dm
   Foi uma chama,
   F7M F7M   G7
   O sopro do   passado
        Gm
        Bb
   Desfaz
   A5+   Dm7
   Agora é cinza
   $\overset{F}{G}$ $\overset{6}{C9}$
   Tudo acabado $_9$
   G7   C   C7M Dm
   E nada mais!...

                $_9$
G13   C7M
       Você
          C
          E   A7   Dm7
       Partiu de madrugada
          D7   G7
       E não me disse nada
       Dm7 G7   C7M
       Isto não se faz
F7M   Bb11+ A7   Dm
       Me deixou cheio de saudade
            F7M
       E paixão
            D7
       Me conformo
          F
          G   G7   C C7M G7
       Com sua ingratidão!

       (Chorei porque)

        $_9$
       C7M
       Agora
          C
          E   A7   Dm7
       Desfeito o nosso amor
          D7   G7
       Eu vou chorar de dor
       Dm   G7   C7M
       Não posso esquecer
F7M   Bb11+   A7   Dm
       Vou viver   distante dos teus olhos
                F7M
       Oh! querida
            D7
       Não me deu
          F
          C   G7   C C7M Dm7 G7
       Um adeus por despedida!

       (Chorei porque)

Amiga

Roberto Carlos
e Erasmo Carlos

F
Bm5-
E7
Am
Em5-
A7
Dm
G7
C
F7M
Bm5-
B7
Esusp 4
E7
G7
ELA
Cm
Cm7M
Cm7
Am5-
1.
Fm/Ab
Dm5-
G7
Cm
Dm5-
G7
2.
Fm/Ab
Dm5-
G7
Cm
Gm5-
C7

1.
Fm
Ab/Bb
Bb7
Eb
Ab7M
Dm5-
2.
G7
Cm
Cm7M
Cm7
Gm5-
C7
Dm5-
D7
Fm/Ab
E7
Am
Am7M
Am7
Am6
Dm/F
Dm
Bm5-
E7
Rall
Am
F7M
Bm5-
E9-
Am
a tempo
Rall

TOM — LÁ MENOR
Am   E7   Am

Introdução: *Dm G C F Dm Bm5- E*

                              Am
Am   Am7M   G
Amiga, perdoa   se eu me meto em sua vida
 F#m5-   F
Mas sinto que você vive esquecida
 Bm5-   E7   Am Bm5- E7
De se lembrar que tudo terminou
                              C
Am   Am7M   G
Amiga, o pano se fechou no fim do ato
 F#m6-   F
Você não aceitou da vida o fato
 Bm5-   E7   Am Em5- A7
Que desse caso nada restou

 Dm   G7   C
Aquele por quem você se desespera e chama
 F   Bm5-
Por quem você procura em sua cama
 E7   Am Em5- A7
Na realidade há muito te esqueceu

 Dm   G7   C
Esqueça, refaça a sua vida urgentemente
 F7M   Bm5-
Que o tempo passa e um dia de repente
                              4
B7   Esusp E7 G7
A gente chora o tempo que perdeu

 Cm   Cm7M   Cm7
Amigo, eu te agradeço por sofrer comigo
                         Fm
Am5-   Ab
Mas tento me livrar e não consigo
 Dm5-   G7   Cm Dm5- G7
De tudo que esse cara foi pra mim

 Cm   Cm7M   Cm7
Às vêzes, eu penso tanto nele que me esqueço
                         Fm
Am5-   Ab   Fm
Que qualquer dia desses enlouqueço
 Dm5-   G7   Cm Gm5- C7
Por insistir num sonho que passou

                Ab
Fm   Bb   Bb7   Eb
Se acaso eu jogo a minha juventude à toa
 Ab7M   Dm5-
Nas águas desse pranto, me perdoa
 G7   Cm Cm7M Cm7 Gm5- C7
E peço o teu conselho sem te ouvir
               Ab
Fm   Bb   Bb7   Eb
Mas ele é tudo que mais quero e que preciso
 Ab7M   Dm5-
É o ar que eu necessito e não consigo
                    Fm
D7   Ab   E7
Me sufocando se ele não está

 Am6 Am7M   Am7
Amiga, se quer desabafar conte comigo
                      Dm
Am   F   Dm
Mas se você chorar, choro contigo
Bm5-   E7   Am
Amigo, é pra essas coisas,   estou aqui

Am   Bm5- E9-
Amiga...
Am
Amigo...

Aquele Abraço

Gilberto Gil

63

TOM — RÉ MAIOR
D   A7   D

Introdução: D7 G7 D7M

  D7M   G   G7 D7   G13
       O Rio de Janeiro continua lindo
  D7   G   D7   G7
      O Rio de Janeiro continua sendo
  D7   G   D
      O Rio de Janeiro, Fevereiro, Março
         E7
     Alô, alô, Realengo
      Bm7
     Aquele abraço

               E7
     Alô torcida do Flamengo
      Bm7
     Aquele abraço
         E7
     Alô, alô, Realengo
      Bm7
     Aquele abraço
               E7
     Alô torcida do Flamengo
      A7   Em7 A9 D
     Aquele abraço
              G   G7   D7
     Chacrinha continua balançando a pança
  D7   G7
     Buzinando a moça
  D7   D7
     Comandando a massa
        G7   D
     E continua dando as ordens no terreiro
        E7
     Alô, alô, seu Chacrinha
      Bm7
     Velho guerreiro
        E7
     Alô, alô, Terezinha
      Bm7
     Rio de Janeiro
        E7
     Alô, alô, seu Chacrinha
      Bm7
     Velho palhaço

         E7
     Alô, alô, Terezinha
       A7
     Aquele abraço
      D   Bm7   E7   E9
     Alô, moça   da Favela
  Em7   A7   D
     Aquele abraço
      D   E7
     Todo mundo da Portela
  G
  A   A7   D
     Aquele abraço
      D   Bm7   E7   E9
     Todo mês de Fevereiro
  Em7   A7   D
     Aquele passo
      A7 D   E7
     Alô, banda de Ipanema
  G
  A   A7   D
     Aquele abraço
         A7 Bm7   Bm7
     Meu caminho   pelo mundo
        E7
     Eu mesmo traço
  G
  A   A7 Bm7   Bm7
     A Bahia   já   me deu
        E7
     Régua e compasso
  G
  A   A7   Bm7   Bm7
     Quem sabe de mim sou eu
        E7
     Aquele abraço
  G
  A   A7   Bm7   Bm7
     Pra você que me esqueceu
        E7
     Aquele abraço
      A7   Bm7   Bm7
     Alô Rio de   Janeiro
        E7
     Aquele abraço
      A7   Bm7   Bm7
     Todo o povo Brasileiro
        E7
     Aquele abraço

Adeus Batucada

Samba

Synval Silva

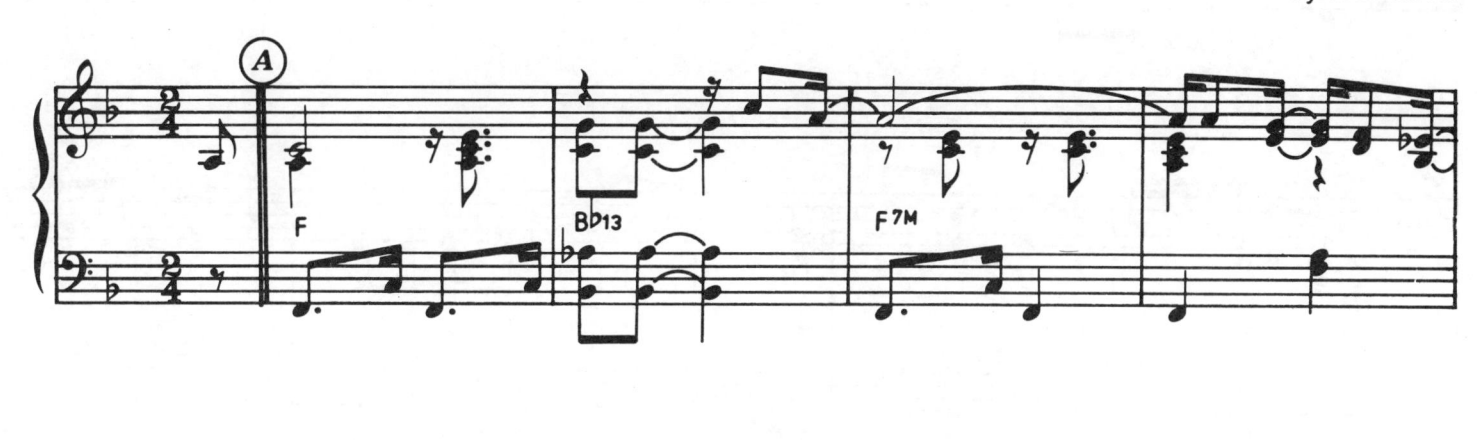

F
F9 6
B♭13
F7M
B♭7
Am7
Gm7
F7M
Dm7
Gm7
Am5-
D7/A
Gm7
C7
Gm7
Gm/F
C7
Gm7
C7
1.
G9-
C7
C9-
2.
C7
F
F7M
B♭m6
C7
Fm
C9-
Fm/A♭
Fm/E♭

TOM — FÁ MAIOR
F   C7   F

Introdução: F   F   Bb Bb F Bb
                  C C C

ESTRIBILHO

Bis
$\begin{cases}
\quad\quad\;\;{}^6\\
\;\;F\;\;\;F9\;\;Bb13\quad\;F7M\;\;Bb7\\
\text{Adeus!}\quad\quad\;\;\text{Adeus!}\\
\quad\quad\;\;Am7\\
\text{Meu pandeiro do samba}\\
Gm7\quad\quad F7M\\
\text{Tamborim de bamba}\\
\quad Dm7\quad\quad\quad Gm7\;\;Am5\text{-}\\
\text{Já é}\quad\text{de m a d r u g a d a}\\
\;D7\quad\;Gm7\;\;\;C7\quad\;Gm7\\
\text{Vou-me e m b o r a chorando}\\
\quad Gm\\
\;F\quad\quad\quad\quad\quad C7\\
\text{Com meu coração sorrindo}\\
\quad\quad\quad Gm7\quad\;\;C7\\
\text{E vou deixar todo mundo valorizando}\\
\quad\quad G9\text{-}\;\;C7\;\;C9\\
\text{A b a t u c a d a}
\end{cases}$

Fm
Em criança

      Fm   Fm
    C9-   Ab Eb
Com samba eu vivia s o n h a n d o
  Cm5-
Acordava, estava
   F7   Bbm4 Bbm7
Tristonho, chorando
Bm6   C7-
Jóia que se perde no mar
       Fm9
Só se encontra no fundo
  Db7M   G7
Sambai, mocidade
    C9- C9   Fm
Sambando se goza neste mundo

    Fm
Do amor

       Fm   Fm
    C9-   Ab Eb
Sempre me despedi sambando
   Cm5-
Mas, da batucada
     F7   Bbm4 Bbm
Agora me despeço c h o r a n d o
Bbm
Guardo no lenço esta
  C9-   Fm9
Lágrima sentida
  Db7M   G7
Adeus, batucada
    C9- C9   Fm
Adeus, batucada querida

Só Louco

Samba-Canção

Dorival Caymmi

TOM — DÓ MAIOR
C G7 C

Introdução: Em7 A7 A9 D7 Bb7

$\overset{6}{C}$ C9 C7M
Só louco

          Em7
Amou como eu amei

A7 Dm
Só louco

              F
Dm7   G G7
Quiz o bem que eu quiz

           Am
Am7   G
Oh! isensato coração

Dm   F
F   G G7
Porque me fizeste sofrer

C7M   Bb9   G
           11+   A
Porque, de amor para entender

A7   D7
É preciso amar,

   5-
  Dm
Porque?

Se não for amor

Samba

Benito di Paula

TOM — LÁ MENOR
Am   E7   Am

Introdução: *Am7   D9   Am7   D9*

                              E
Am   *Am7*   *G#*
    Você me olha deste jeito
      G#dm   *Gm6*
    Meus direitos e defeitos
                   Dm
A7   *Dm7 C   Bm7*
    Querem se modificar
      E7   *Am7*
    Meu pensamento se transforma
C7   *F7M*
    Me transporto simplesmente
      F#°
    Penso coisa diferente
B9-   *E7*
    Vejo em você meu amor
Am7   *Bm7*   *E7*
    Se não for nada disso
Bm5- E7   *Gm6*
    Fique perto dou um jeito
    E tudo certo
                    Dm   5-
A7   *Dm*   *C   Bm7*
    Não precisa   se preocupar
             E7
    Dê mais um sorriso
      Am
    E vá embora
                F7
C7   *A*
    Por favor volte outra hora
E7   *Am Am6*
    Eu só quero ver você voltar.

Bis
   Bm7
    E   *E7*   *A*
    Mas se não for amor
      E7   *A*
      G#   *G*
    Não diga nada por favor
 F#7   *Bm7*
    Não apague esse sonho
          E7
    Pois meu coração
                Bm7
    A6   *E   E7*
    Nunca sofreu de amor.

Reza

Letra e Música
de Edú Lobo e Ruy Guerra

TOM — MI MENOR
Em   B7   Em

Introdução: Em7 A7 Em7 A7

     Em7   A7
     Por amor andei, já
Em   A7
Tanto chão e mar
    Am   Em7 A7 Em7 A7
Senhor, já nem sei
Em7   A7
Se o amor não é mais
   Em7   A7
Bastante prá vencer
            D
  Am   C
Eu já sei o que fazer
     G
   B   C7
Meu Senhor, uma oração
      A7   A9   C7 Bm7   Em7 A7 Em7 A7
Vou cantar para ver se vai valer,

     Em7   A7   Em7   A7
     Laia, ladaia, sabatana, Ave Maria
Em7   A7   Em7   A7
Laia, ladaia, sabatana, Ave Maria
Gm7   C7   Gm7 C7
O meu santo defensor
Gm7   C7
Traga o meu amor

Em7   A7   Em7   A7
Laia, ladaia, sabatana, Ave Maria
Em7   A7   Em7   A7
Laia, ladaia, sabatana, Ave Maria
Gm7   C7   Gm7 C7
Se é fraca a o r a ç ã o
Gm7   C7
Mil vezes cantarei

Em7   A7   Em7   A7
Laia, ladaia, sabatana, Ave Maria
Em7   A7   Em7   A7 Em7 A7 Em7
Laia, ladaia, sabatana, Ave Maria

Se você jurar

Samba

Letra e Música
de Francisco Alves,
Ismael Silva e Nilton Bastos

© Copyright 1930 - Mangione & Filhos Comp. Ltda., sucessores de E. S. Mangione
Rua Coronel Batista da Luz, 26 - São Paulo - Brasil.

TOM — MI MENOR
Em B7 Em

Introdução: G Bm5- E7 Am Am7 F#m5- B7 Em7 C7M F#m5- B9

CÔRO

Bis {
      G   C7M
Se você jurar
G G7M   Am7   B5+ B7
Que me tem amor
Em   C7M B7
Eu posso me regenerar,
E7   E9-
Mas se é
      Am   F#m5-
Para fingir, mulher,
F7 Em7 C7   B7   Em
A orgia assim não vou deixar
}

I

Am7   Em
Muito tenho sofrido
C7   B7
Por minha lealdade
F#m5-   B7
Agora estou sabido
         F#7   B7 Em
Não vou atrás de amizade
Em7   Bm5-
A minha vida é boa
E7   Am7
Não tenho em que pensar
F#m5- B7   Em
Por uma coisa atoa
F#7   B7 Em
Não vou me regenerar.

II

Am7   Em
A mulher é um jogo
C7   B7
Difícil de acertar
F#m5-   B7
E o homem como um bobo
        F#7   Em
Não se cansa de jogar.
Em7   Bm5-
O que eu posso fazer
E7   Am7
É se você jurar
F#m5- B7   Em
Arriscar a perder
F#7 B7 Em
Ou desta vez então ganhar

Ponteio

Edú Lobo
e Capinan

© Copyright 1967 by EDIÇÕES MUSICAIS SATURNO LTDA.
Avenida Rio Branco, 277 s/710 - Rio de Janeiro - Brasil.
Todos os direitos internacionais reservados - All rights reserved
Todos os direitos de execução, tradução e arranjos reservados para todo o mundo.

77

Em
F7M
ao
C/ Rep.
e
E4susp
Em9
Dm9
Dm9
Em9 7M
Dm9 7M
ao
C/ Rep.
e ao
D
A
C
G
F
G
F
G
F
G
1.
F
2.
F

TOM — MI MENOR
Em B7 Em

Introdução: Em7 Em F7M Em F7M

Em
       Em   Em
Era um, era dois, era cem
                F7M
Era o mundo chegando e ninguém
Que soubesse que eu sou violeiro
              Em
Que me desse ou amor ou dinheiro

       Em   Em
Era um, era dois, era cem
      F7M
E vieram pra me perguntar
Ô você de onde vai, de onde vem
            Em
Diga logo o que tem pra contar

        Em
        D
Parado no meio do mundo
       C7M
Pensei chegar meu momento
  C
  B   Am7
Olhei pro mundo e nem via
    Am
    C   F#m7 B7
Nem sombra, nem sol, nem vento

E7M   A
Refrão: Quem me dera agora
             A
       E   B
Eu tivesse a viola pra cantar

(4 vezes)

        E7
Contracanto: ponteio, ponteio
        E7   A
Todo mundo pontear

                  Em   Em
Era um dia, era claro, quase meio
              F7M
Era um canto calado sem ponteio
Violência, viola, violeiro
                    Em
Era moite em redor do mundo inteiro

              Em   Em
Era um dia, era claro, quase meio
            F7M
Era um que jurou me quebrar
Mas não me lembro de dor nem receio
              Em
Só sabia das ondas do mar

           Em
        D
Jogaram a viola no mundo
        C7M
Mas fui lá no fundo buscar
  C
  B   Em
Se tomo a viola eu ponteio
    Am
    C   F#m7 B7
Meu canto não posso parar

Refrão com Contracanto

       Em   Em
Era um dia, era dois, era cem
                F7M
Era um dia, era claro, quase meio
Encerrar meu cantar já convém
               Em
Prometendo um novo ponteio

        Em   Em
Certo dia que sei por inteiro
         F7M
Eu espero não vá demorar
Este dia estou certo que vem
              Em
Digo logo que vim pra buscar

          Em
        D
Correndo no meio do mundo
       C7M
Não deixo a viola de lado
  C
  B   Am7
Vou ver o tempo mudado
    Am
    C   F#m7 B7
E um novo lugar pra contar

Refrão e Contracanto

Tristezas do Jeca

Toada

Letra e Música de
Angelino de Oliveira

© Copyright 1922 A. DI FRANCO — editor - Brasil.
© Copyright assigned to IMPRESSORA MODERNA LTDA. - Brasil.
© Copyright assigned 1952 to CEMBRA LTDA. - São Paulo - Brasil.
Todos os direitos autorais reservados para todos os países — All rights resérved.
Direitos de execução pública controlados pelo ECAD (SADEMBRA)

TOM — RÉ MAIOR
D   A7   D

Introdução: D   A7   D   A7

I

D   Em7   A7   D7M
Nestes versos tão singelo
           6
Bm7   Em7 A7   D9   C
Minha bela, meu amô
  6
D9   Em7   A7   D7M
Prá mecê   quero contá
           6
 Bm7   Em7   A7   D9 D9
O meu sofrê, a minha dô
                6
G7M   A4   A7   D9
Eu sou como o sabiá
     F#m7   Em7
Bis Que quando canta é só tristeza
          A7   D   D7
     Desde o gáio onde ele está, tá
        6
D7   G9   A   A7   D
Nesta viola eu canto e gemo de verdade
       6
      G9   A   A7   D   A7
Cada toada representa uma sodade

II

D   Em7   A7   D7M
Eu nasci   naquela serra
           6
Bm7   Em7   A7   D9   C
Num ranchinho à bera chão
  6
D9   Em7   A7   D7M
Todo cheio de buraco
            6
Bm7   Em7   A7   D9
Donde a lua faz clarão
               6
G7M   A4   A7   D9
E quando chega a madrugada
     F#m7   Em7
Bis Lá no mato a passarada
         A7   D   D7
     Principia o barulhão

Nesta viola, etc. etc.

III

D   Em7   A7   D7M
Lá no mato tudo é triste
           6
Bm7   Em7 A7   D9   C
Desd'o jeito de falá
  6
D9   Em7   A7   D7M
Quando riscam na viola
              6
Bm7   Em7 A7   D9
Dá vontade de chorá
                 6
G7M   A4   A7   D9
Não tem um que cante alegre
     F#m7   Em7
Bis Tudo vive padeceno
         A7   D   D7
     Cantando prá se aliviá
              6
D7   G9
Nesta viola, etc., etc.

VI

D   Em7   A7   D7M
Vou pará co'a   minha viola
           6
Bm7   Em7   A7   D9   C
Já   não posso mais cantá
  6
D9   Em7 A7   D7M
Pois o jeca quando canta
           6
Bm7   Em7 A7   D9   D9
Tem vontade de chorá
                 6
G7M   A4   A7   D9
E o chôro que vai caindo
     F#m7   Em7
BIS Devagar vai-se sumindo
          A7   D   D7
     Como as águas vai pro mar.

Fala Mangueira

Samba

Mirabeau e Milton de Oliveira

Introdução: Em Fdm D F#m5- B7 C7 B7 Em C7 F#m5- B7

Bis
{
   Em   Em9   F#m5- B7
   Fala, Mangueira, fala.
         C7   F#m5- B7 B9- Em9
   Mostra a força da sua tradição,
                 Am
                D   D7
   Com licença da Portela, favela,
     C7   F#m5- B7
   Mangueira mora no meu coração.

Em7   Am7
   Suas cabrochas gingando,
    F#m   Em
   Seus tamborins repicando,
   C7   B7 E7 Am7
   É monumental.
                          Em
  F#m5- B7   Em   D
   Estou falando da Mangueira
                               Am
  C7   F#m5- B7   Em C7M Bm7 Am7 D G7M
   A velha Mangueira tradicional.

Lábios que beijei

Valsa

Letra e Música de
J. Cascata e Leonel Azevedo

TOM — FÁ MAIOR
F   C7   F

Introdução: Gm Abdm A Dm7 Em5- A7 Dm C6⁹

    F7M   F9⁶   Fdm Am5-   D7
Lábios que beijei, mãos que afaguei
                  Bb C   Bb
  Gm   F E   D Bbm6
Numa noite de luar assim
  F
 A   Ab°
O mar na solidão bravia
  C7M   A7-
E o vento a soluçar pedia
                Bb
  Dm7 G7   C   F7
Que fosses sincera para mim
 F7M Fdm Am5-   D7
Nada ouvistes e   logo partistes
      Gm9   C9-   Fsus F13
Para os braços de outro amor
Bb7M   Bdm
Eu fiquei chorando
F
C   D7
Minha mágua cantando
      Gm9 C9-   F
Sou a estátua perenal da dôr

            Dm
Dm   F   Gm7
Passo os dias soluçando com meu pinho
   E5-   A7
Carpindo minha dor sozinho
    Em5-   Dm A7
Sem esperança de vê-la jamais
 Dm7   Bb7   Am9
Deus, tem compaixão deste infeliz
F7M   Bm5-
Porque sofrer assim
    E7   Am5- A7
Compadecei dos meus ais
           Dm
Dm   F   Gm7
Sua imagem permanece imaculada
  E5-   A7
Em minha retina cansada
   Em5-   Am5- D7
De chorar por teu amor
Gm9-   Em5-
Lábios que beijei
Dm   Bb7
Mãos que afaguei
Em5-   A7   Dm7 Bb7M
Volta, dae lenitivo à minha dôr

Me deixe em paz

Ivan Lins e
Ronaldo Monteiro de Souza

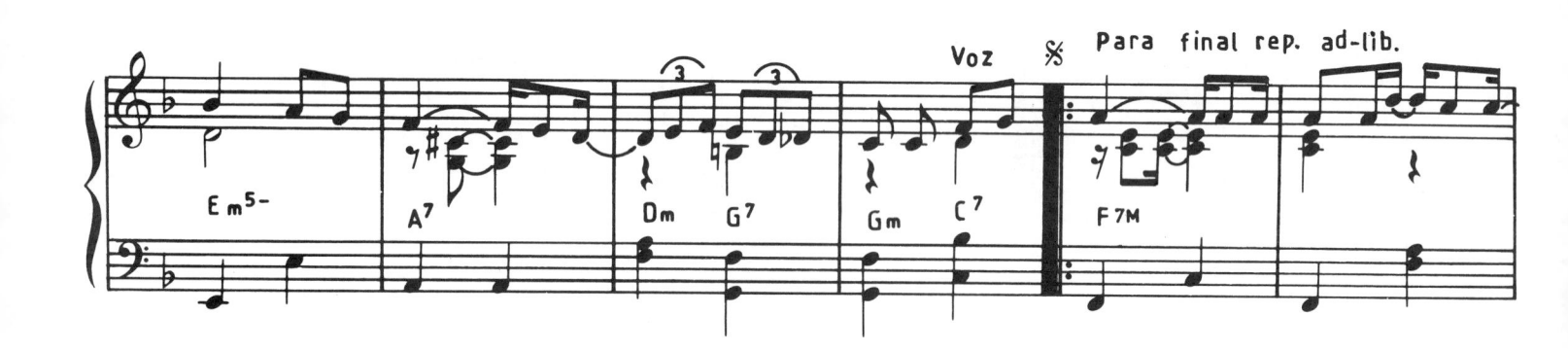

© Copyright 1971. EDIÇÕES MUSICAIS SATURNO LTDA.
Av. Rio Branco, 277 - 7.º and. s/ 710 - Rio de Janeiro - Brasil
All Rights Reserved International Copyright Secured.
DIREITOS DE EXECUÇÃO CONTROLADOS PELA SICAM

TOM — FÁ MAIOR
F   C7   F
                              Bb
Introdução: Em5- A7 Dm C   F7M Bb7M Em5- A7 Dm G7

Bis
{
    C7   F7M
    Me deixa em paz
                        Cm7
    Que eu já não aguento mais
F7   Bb
    Me deixa em paz
    Sai de mim
              Bb   C13
    Me deixa em paz
}

F
Vai...
      Eb
Cm7   F   Bb7M
Hoje o fogo se apagou
Em5-   A7   Dm7
Nosso jogo terminou
G13 Cm7   F   Bb
Vai   prá onde Deus quizer
     Em7 A7   Dm7
Já é h o r a de
    C7   F7M
De você partir
Bb7M Em5-   A7   Am7 Dm7 G7 Gm7 C13
Não adianta mais   ficar

Ingênuo

Chôro

Pixinguinha e
Benedito Lacerda

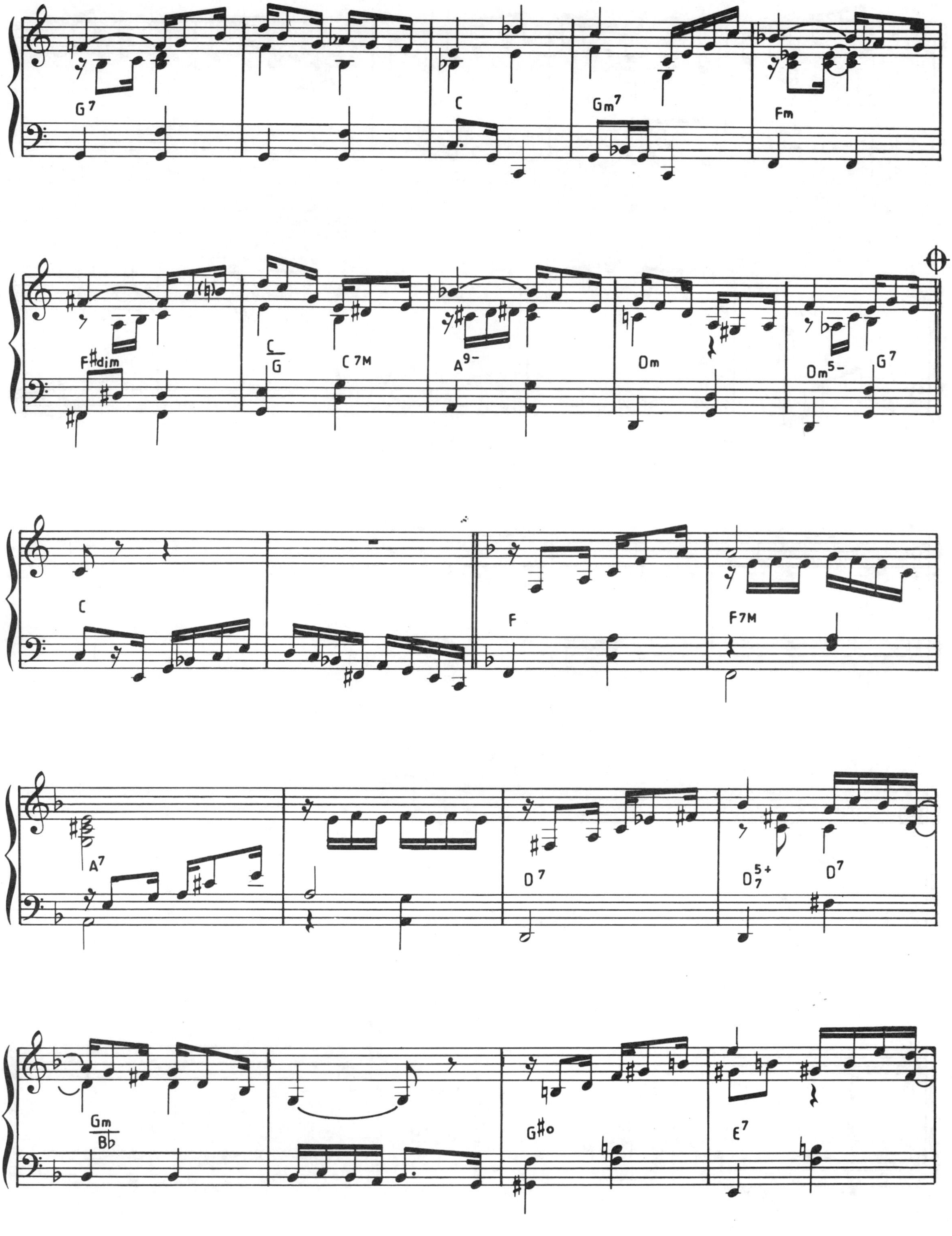

G7
C
Gm7
Fm
F#dim
C/G
C7M
A9-
Dm
Dm5-
G7
C
F
F7M
A7
D7
D7 5+
D7
Gm/Bb
G#o
E7

F/A
F
G7
C
E♭7
A♭
G
F
A7
Am5-
D7
Gm/B♭
B°
F/C
Am5-
D7
G9
C7
F
G7
Dal 𝄋 al ⊕
Final
C
G7
C

Exaltação à Mangueira

Samba

Enéas B. da Silva e
Aloisio A. da Costa

F7M
A5-
F9-
F7
B♭
B♭6/9
B♭m6
F
C13
F7M
E♭7
C/D
D9-
G13
G13-
C7
C9-
1.
2.
F
B♭7M
C7
F
Am7
Gm7
Dm9
Gm/B♭
Am4
Gm7
D♭9
C

TOM — FÁ MAIOR

F   C7   F
                              C
Introdução: F   Eb11+   D   D9-   G13   G13-   C7   F   Gm7   Gm7   C7

```
                                        6
     F     Dm9      Gm7     C9      F7M  F9
 Mangueira teu   cenário é uma b e l e z a
  6
 F9        Dm    Gm7 D7    Gm7  D9  Gm9  Gm7  Gm9
 Que a n a t u r e z a    criou,  ô... ô...
    Db9+                      C9
 O morro com seus barracões de zinco
              F
 C7       A     Bbm6-      F7M
   Quando amanhece, que   esplendor!
     A5-       F9-  F7    Bb
 Todo mundo te conhece ao longe
  6
 Bb9       Bbm6
   Pelo som  dos seus tamborins
       F             C13
   E o rufar do teu tambor
                      C
    F7M  Eb7    D
 Chegou, ô... ô... ô...
        D9-       G13  G13- C7  F   (Bb7M C7)
   A Mangueira chegou, ô . . . ô...
```

```
                                      Gm
       Gm7           Dm9      Bb  Am4
 Mangueira teu passado de glória
  Gm7          Db9 C7       F7M
   Está g r a v a d o   na história
                                       Bb
    D7    D9    Gm            F
 E verde-rosa a côr da sua bandeira
          Dm7
 Prá mostrar a esta gente
    G7     Gm7              C7
 Que o samba é lá em Mangueira
```

Casa de Caboclo

Canção

Hekel Tavares
e Luiz Peixoto

TOM — RÉ MAIOR
D   D7   D

Introdução: D B7 Em7 A A7 D G7M
                                     G

D   B7   Em7
Você tá vendo essa casinha simplesinha
G
A   A7   D A
Toda branca de sapê
D   Bm7   A
Diz que ela véve no abandono não tem dono
Bm   E7   Em7 A7
E se tem ninguém não vê
D   B7   Em
Uma roseira cobre a banda da varanda
G
A   A7   D D9
E n'um pé de cambucá
G   F#m7   B7
Quando o dia se alevanta Virge Santa
Em7   A7   D   F#9
Fica assim de sabiá

Bm   C#7   F#7
Deixa falá toda essa gente maldizente
Bm   G7   F#7
Bem que tem um moradô
B7   B9-   E7
Sabe quem mora dentro dela Zé Gazela
Em   A7   D
O maió dos cantadô.

D   B7   Em7
Quando Gazela viu siá Rita tão bonita
G
A   A7   D A
Pôs a mão no coração
D   Bm7   A
Ela pegou não disse nada deu risada
Bm   E7   Em7 A7
Pondo os oinho no chão
D   B7   Em
E se casaram, mais um dia que agonia
G
A   A7   D D9
Quando em casa ele voltou
G   F#m7   B7
Zé Gazela viu siá Rita muito aflita
Em7   A7   D   F#9
Tava lá Mané Sinhô

Bm   C#7   F#7
Tem duas cruz entrelaçada bem na estrada
Bm   G7   F#7
Escrevero por detrás:
B7   B9-   E7
"Numa casa de caboclo um é pouco
Em   A7   D
Dois é bom, três é demais"

Ébrio

Tango Canção

Vicente Celestino

TOM — RÉ MENOR
Dm   A7   Dm

Introdução: Bb D E7 A7 Dm A7

I

```
  Dm                    A7              Dm
   Tornei-me um ébrio, na bebida, busco esquecer
      D7                                 Gm
   Aquela ingrata que eu amava, e que me abandonou,
                          Dm
   Apedrejado pelas ruas, vivo a sofrer
       E7                        A7
   Não tenho lar, e nem parentes, tudo terminou.
      A7                           Dm
   Só nas tabernas é que encontro meu abrigo
       D7                              Gm
   Cada colega de infortunio, um grande amigo
                                 Dm
   Que embora tenham como eu seus sofrimentos
      Eb5-           A7          Dm
   Me aconselham, e aliviam meus tormentos.
```

II

```
       D       B7         Em
   Já fui feliz, e recebido com nobreza até,
         A7                      D
   Nadava em ouro, e tinha alcova de setim.
         D
         F#                              Em
   E a cada passo um grande amigo em que depunha fé,
       A7          D
   E nos parentes... confiava sim!
       D        B7            Em
   E hoje ao ver-me na miséria, tudo vejo então
       A7                         F#7
   O falso lar que amava, e a chorar deixei
       Bb       Gm6      D       B7
   Cada parente, cada amigo era um ladrão
       E7         A7           D
   Me abandonaram, e roubaram o que amei.
```

III

```
       A7                        Dm
   Falsos amigos, eu vos peço, imploro a chorar,
          D7                              Gm
   Quando eu morrer a minha campa nenhuma inscrição
                                            Dm
   Deixai que os vermes pouco a pouco venham terminar,
        E7                      A7
   Este ébrio triste, e este triste coração
        A7                           Dm
   Quero somente na campa em que eu repousar,
        D7                          Gm
   Os ébrios loucos, como eu venham depositar
                                  Dm
   Os seus segredos, ao meu derradeiro abrigo,
        Eb5-         A7            Dm
   E suas lágrimas de dor ao peito amigo.
```

Castigo

Samba-Canção

Lupicínio Rodrigues
e Alcides Gonçalves

TOM — SI MENOR
Bm   F#7   Bm

Introdução: Em7 A7 D7 G7 Bm7 F#7 Bm

 Bm C#7 F#7 Bm7
  Eu sabia que você um dia
  Em7 Am7 D7 G7
  Me procuraria em busca de paz
 B7 Em A7 D7
  Muito remorso, muita saudade,
  Bm C#7 F#7
  Mas, afinal, o que ele traz
  C#7 F#7 Bm7
  A mulher quando é moça e bonita
  Am7 D7 G
  Nunca acredita em poder tropeçar
 B7   Em A7   D7
  Quando os espelhos dão-lhe uns conselhos.
  G7   Bm F#7 Bm
  É que procuram em que se agarrar.

 C#m7 F#7   Bm7
 É você prá mim é uma delas
            Em7
 Que no tempo em que eram belas
   A7   D   D7M
 Viam tudo diferente do que é
    G#m7 C#7   F#7
 E agora que não mais encanta
     G7 F#7
 Procura imitar a planta
      Bm
 As plantas que morrem de pé
  C#m7 F#7   Bm7
 E eu lhe agradeço por mim ter se lembrado
   Em7 A7
 Que entretanto desgraçado
    D D7M
 Que em sua vida passou
     G#m7
 Homem que é homem
 C#7   F#7   G7 Bm
  Faz qual o cedro que perfuma o machado
  F#7 Bm
  Que o derrubou

Assum Preto

Baião

Humberto Teixeira
e Luiz Gonzaga

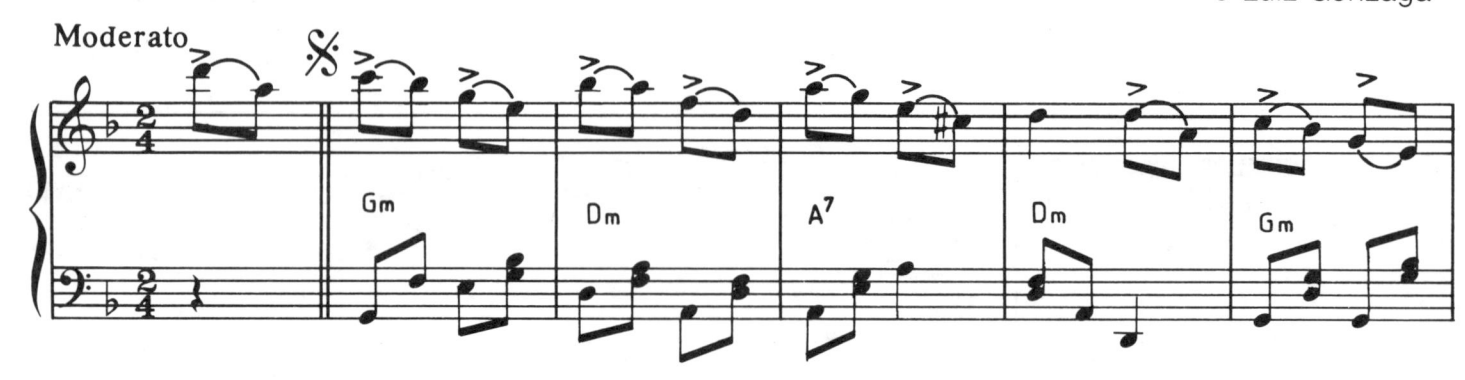

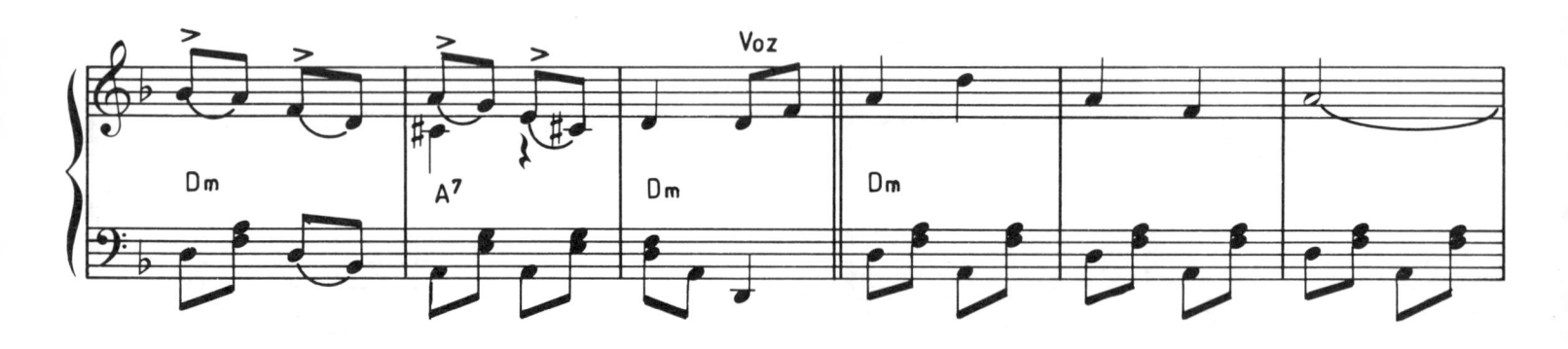

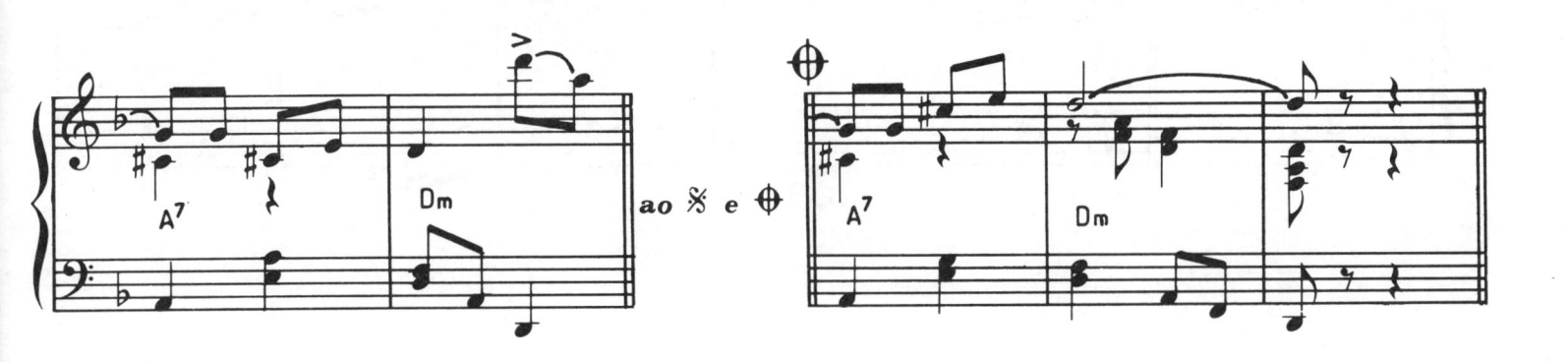

TOM — RÉ MENOR
Dm   A7   Dm

Introdução: Gm Dm A7 Dm Gm Dm A7 Dm

          Dm
    Tudo em vorta, é só beleza!
        D7   Gm
    Sol de Abril e a mata em frô!
          Gm C7   F
Bis { Bb Mais Assum Preto,   cégo dos óio,
             Em5-   A7   Dm D7
    Num vendo a luz,   ai,   canta de dô!

                    Dm
    2.ª vez: canta de dô!

          Dm
    Talvez por ignorança
        D7   Gm
    Ou mardade das pió,
          Gm C7   F
Bis { Bb Furaro os óio   do Assum Preto,
             Em5- A7   Dm D7
    Pra ele assim, ai,   cantá mió...

                  Dm
    2.ª vez: cantá mió...

          Dm
    Assum Preto veve sorto,
        D7 Gm
    Pois num póde avuá...
          Gm C7   F
Bis { Bb Mil vez a sina   de uma gaiola,
            Em5-   A7   Dm D7
    Desde qui o céu, ai,   pudesse oiá!

                  Dm
    2.ª vez: pudesse oiá!

          Dm
    Assum Preto, o meu cantar,
        D7   Gm
    É tão triste como o teu!
          Gm C7   F
Bis { Bb Também roubaro   o meu amor,
            Em5- A7   Dm D7
    Que era a luz, ai,   dos óios meu..

                 Dm
    2.ª vez: dos óios meu...

Asa Branca

Baião-Xóte

Luiz Gonzaga
e Humberto Teixeira

TOM — FÁ MAIOR
F   C7   F

Introdução: Bb F7 Gm F Eb F Bb F Gm F Eb F Eb F Eb F Eb F

     F F7 Bb Bb7
  Quando oei a terra ardendo
     F C7 F
  Quá foguêra de São João
      F7   Bb
Bis { Eu preguntei(ei) a Deus do céu, ai
     C7 F
  Pru que tamanha judiação?

Introdução: Bb F7 Gm F Eb F Bb F

    F F7 Bb Bb7
  Qui brazero, qui fornaia
    F C7 F
  Nem um pé de prantação
     F7   Bb
Bis { Por farta d'água perdi meu gado
    C7   F
  Morreu de sêde meu alazão

Introdução: Bb F7 Gm F Eb F Eb F

    F F7 Bb Bb7
  Inté mesmo asa branca
    F C7 F
  Bateu asas do sertão
     F7   Bb
Bis { Entonce eu disse adeus Rosinha
    C7   F
  Guarda contigo meu coração

Introdução: Bb F7 Gm F Eb F Bb F

    F F7 Bb Bb7
  Hoje longe muitas légua
    F C7 F
  Numa triste solidão
     F7   Bb
Bis { Espero a chuva caí de novo
    C7   F
  Prá mim vortá pró meu sertão

Introdução: Bb F7 Gm F Eb F Bb F

     F F7 Bb Bb7
  Quando o verde dos teus óios
     F C7 F
  Se espaiá na prantação
      F7   Bb
Bis { Eu te asseguro, num chore não, viu,
     C7   F
  Que eu vortarei, viu, meu coração.

Introdução: Bb F7 Gm F Eb F Bb F

Boiadeiro

Xóte

Armando Cavalcanti
e Klecius Caldas

TOM — RÉ MAIOR
D A7 D

Introdução: G Bm G A7 D

I

      D   G   D
De manhãzinha, quando eu sigo pela estrada
    D   Bm   Em
Minha boiada prá invernada eu vou levar;
      A7   Em
São dez cabeça; é muito pouco, é quasi nada
        A7   D
Mas não tem outras mais bonitas no lugar,
D   G   A7   D
Vai boiadeiro, que o dia já vem,
G   D   Bm   A7   D   D7
Leva o teu gado e vai pensando no teu bem.

II

      D   G   D
De tardezinha, quando eu venho pela estrada,
   D   Bm   Em
A fiarada tá todinha a me esperar;
     A7   Em
São dez filinho, é muito pouco, quasi nada,
       A7   D
Mas não tem outros mais bonitos no lugar:
D   G   A7   D
Vai boiadeiro, que a tarde já vem
G   D   Bm   A7   D
Leva o teu gado e vai pensando no teu bem.

III

      D   G   D
E quando chego na cancela da morada,
   D   Bm   Em
Minha Rosinha vem correndo me abraçar.
    A7   Em
É pequenina, é miudinha, é quasi nada.
      A7   D
Mas não tem outra mais bonita no lugar
D   G   A7   D
Vai boiadeiro, que a noite já vem
G   D   Bm   A7   D
Guarda o teu gado e vai pra junto do teu bem!

Barracão

Samba

Luiz Antonio
e Oldemar Magalhães

TOM — SOL MENOR
Gm   D7   Gm

Introdução: Cm   F7   Gm   Bb   Eb   Am5-   D7

I

Gm   Cm   Cm7
Ai, barracão
Am5-   D7   Gm
Pendurado no morro
     Gm7   F
E pedindo socorro
F7   Eb7   Am5- D7
A cidade a seus pés

II

Gm   Cm   Cm7
Ai, barracão
Am5-   D7   Gm
Tua voz eu escuto
          Gm   F
Não esqueço um minuto
F7   Eb   D7
Porque sei que tu és

III

Am5-   D7   Gm
Barracão de zinco
     Cm   Cm7   D7
Tradição   do meu país
Am5-   D7   Gm
Barracão de zinco
          Cm
     Cm Bb Am7 D7
Pobretão infeliz

Cansei de Ilusões

(Mentira)

Tito Madi

© Copyright 1957 by Editora Nossa Terra - R. de Janeiro - Av. Ipiranga, 1123 - SP - Brasil
Todos os direitos reservados - Copyright Internacional Assegurado - Impresso no Brasil.

TOM — RÉ MAIOR
D   A7   D

Introdução: E7 Am7 Em5- A5+

         D7M Em7   F#m7
Mentira,   foi tudo mentira
Bm   E13 E13- Em7
Você não me amou
A13   D7M Em7   F#m7
Mentira,   foi tanta mentira
Bm7   C#m7
Que você contou
F#7   F#m7   B7
Tão meigos seus olhos   Em
   Em7   B7   G Em
Por Deus eu nem desconfiei
   G#m5-   C#7   F#m7
História tão triste, você contou...
B7   E7   Eb7 Em7
E acreditei... Pois quase chorei

A7   D7M Em7   F#m7
E agora,   desfeita a farsa
Bm7   Em7
Só resta esquecer
A7   D7M Em7   F#m7
Mentiras,   que calam na alma
Bm7   C#m7 F#7
Fazendo sofrer
   F#m5-   B7
Rasguei suas cartas,
   Em7   Gm7
Queimei suas recordações
   F#m7 Bm7
Mentiras ...
Gm
Bb   Gm7   D7M Em9 A13
Cansei de ilusões.
                   D7M G7M D7M
(Para terminar) ilusões

O Pequeno Burguês

Samba

Martinho da Vila

© Copyright 1969 by EDIÇÕES MUSICAIS RCA LTDA.
© Copyright TELECTRA - LISBOA — PORTUGAL - 1971.
Todos os direitos reservados para Portugal Continental e Ultramarino

F7 Bb Gm Cm F7
Bb F7 Bb Bb/D Cm/Eb
Cm7 F7 Bb Eb/F Bb
Bb/D G7 Cm Cm7 F7 Cm7 F7 Bb
F7 Bb Gm Cm F7
Bb F7 Bb Bb/D G7 Cm

F7 B♭ E♭ B♭ B♭/D G7
Cm Cm7 F7 Cm7 F7 B♭ F7
B♭ B♭/D Cm F7
B♭ E♭ B♭ G7 Cm
F7 B♭ Cm F7
B♭ Cm F7 B♭ F7

TOM — Slb MAIOR
Bb F7 Bb

Introdução: Cm F F7 Bb F7 Bb

```
                   B       Cm
        Bb         D       Eb
        Felicidade passei no vestibular
Cm7         F7       Cm F7 Bb
        Mas a faculdade é p a r t i c u l a r
                          Cm
Cm   F7 Bb    Gm          Eb
        Particular, ela é   particular
Cm7     F7           Bb
        Particular, ela é particular
Eb
 F       Bb        Gm7        Cm
        Livros tão caros tanta taxa pra pagar
           Cm         F7               Bb
        Meu dinheiro muito raro alguém teve que emprestar
F7        Bb         Gm          Cm
        O meu dinheiro alguém teve que emprestar
           F7                        Bb
        O meu dinheiro alguém teve que emprestar
                      Bb       Cm
F7        Bb          D        Eb
        Morei no subúrbio andei de  trem atrasado
           Cm
        Eb    Cm7    F7                    Bb
        Do trabalho  ia   pra aula sem jantar e bem cansado
              Eb
              F       Bb
        Mas lá em casa a meia-noite
              Bb
              D    G7    Cm
        Tinha sempre a me esperar
              Cm        F7       Cm7  F7  Bb
        Um punhado de problemas e crianças prá criar
F7        Bb
        Para criar
           Gm         Cm
        Só crianças pra criar
Cm7     F7
        Para criar
                      Bb
        Só crianças pra criar
                      Bb
F7        Bb          D  G7   Cm
        Mas felizmente eu consegui me formar
              F7                       Bb
        Mas da minha formatura não cheguei participar
                      Bb
        Eb      Bb    D     G7    Cm
        Faltou dinheiro pra beca e também pro meu anel
           Cm     F7       Cm7  F7   Bb
        Nem o diretor careca entregou  o meu papel
                   Bb
F7        Bb       D     Cm
        O meu papel, meu canudo de papel
           F7                Bb
        O meu papel, meu canudo de papel
```

```
   Eb         Bb      G7         Cm
E depois de tantos anos, só decepções desenganos
                    F7              Bb
Dizem que sou um burguês muito previlegiado
                Cm
Mas burguêses são vocês
              F7        Bb
Eu não passo de um pobre coitado
                    Cm
E quem quiser ser como eu
       F7         Bb
Vai ter que penar um bocado
   Cm           F7         Bb
Um bom bocado, vai penar um bom bocado
   Cm           F7         Bb
Um bom bocado, vai penar um bom bocado
```

Grito de Alerta

Gonzaga Júnior

D7M
D9 7M
F#m / C#
D7
D / C
G / B
Gm9
Gm7
Em5-
A9
D7M
D9 13
G7M
Em9
Em7
F#m7
Bm7
B13
B9-
Em7
C / E
A / E
A9
Am7
D13
G7M
G / A
A4 susp
F#m7
B13
Em7
A13
D7M
C / D
D7
G7M

TOM — RÉ MAIOR

```
            D   A7   D
               G  F m           G  D7M G
Introdução: A   A   D7M  Em7  A   A   A  D7M
```

                F#m
     D7M   C
     Primeiro você me azucrina
                D7
     Me entorta a cabeça
         D9   D
                   C
     E me bota na boca
              G   7
              B   G9
     Um gosto amargo de fel
Gm9   G7M   Em5-
     Depois vem chorando desculpas
        Em7
     Assim meio pedindo
              A7   D   D7M Am7
     Querendo ganhar um bocado de mel

G7M   G7M   G6   A7
     Não vê que então eu me rasgo
              A
A9   G
     Engasgo, engulo, reflito
        F#m7 B9-
     E estendo a mão
Em7
     E assim nossa vida é um rio e secando
                              C7M
     As pedras cortando
              G
        Em7   A
     E eu vou perguntando:
        A7
        C
     Até quando.

              F#m
D7M   D7M   C
     São tantas coisinhas miúdas
              D7   D   G
     Roendo, comendo, arrasando aos poucos com o nosso ideal
Gm9   Gm7   Em5-
     São frases perdidas num mundo de gritos e gestos
                               7
           A7   D7 D13
     Num jogo de culpa que faz tanto mal
G7M   Em9   F#m7
     Não quero a razão pois eu sei o quanto estou errado
Bm7   B13   B9-
     E o quanto já fiz destruir
             C   A
Em7   E   E
     Só sinto no ar um momento em que o copo está cheio
              A
              E   A7 Am7
     E que já não dá mais pra engolir
           G   4
     G7M   A   Asusp   F#m7
     Veja bem, nosso caso é uma porta entreaberta
B13   Em7
     E eu busquei a palavra mais certa
A13   C
              D7M   D
     Vê se entende o meu grito de alerta
D7 G7M   F#m7
     Veja bem, é o amor agitando o meu coração
B13   Em7
     Há um lado carente dizendo que sim
                                  C
A7   Am7   D   D9   (1ª vez)
     E essa vida da gente, gritando que não.

                          9
              A13   Gm7 D7M   (2ª vez)

Procissão

Samba

Gilberto Gil

B♭ F B♭ F B♭
F/A B♭ F/A B♭7 F
B♭ C7 F Gm7 Am7 Gm F B♭ B♭m
F F7 B♭ B♭m F B♭ F F7
B♭ F B♭ F B♭
F B♭7 F/A Dm7 Gm7 C7

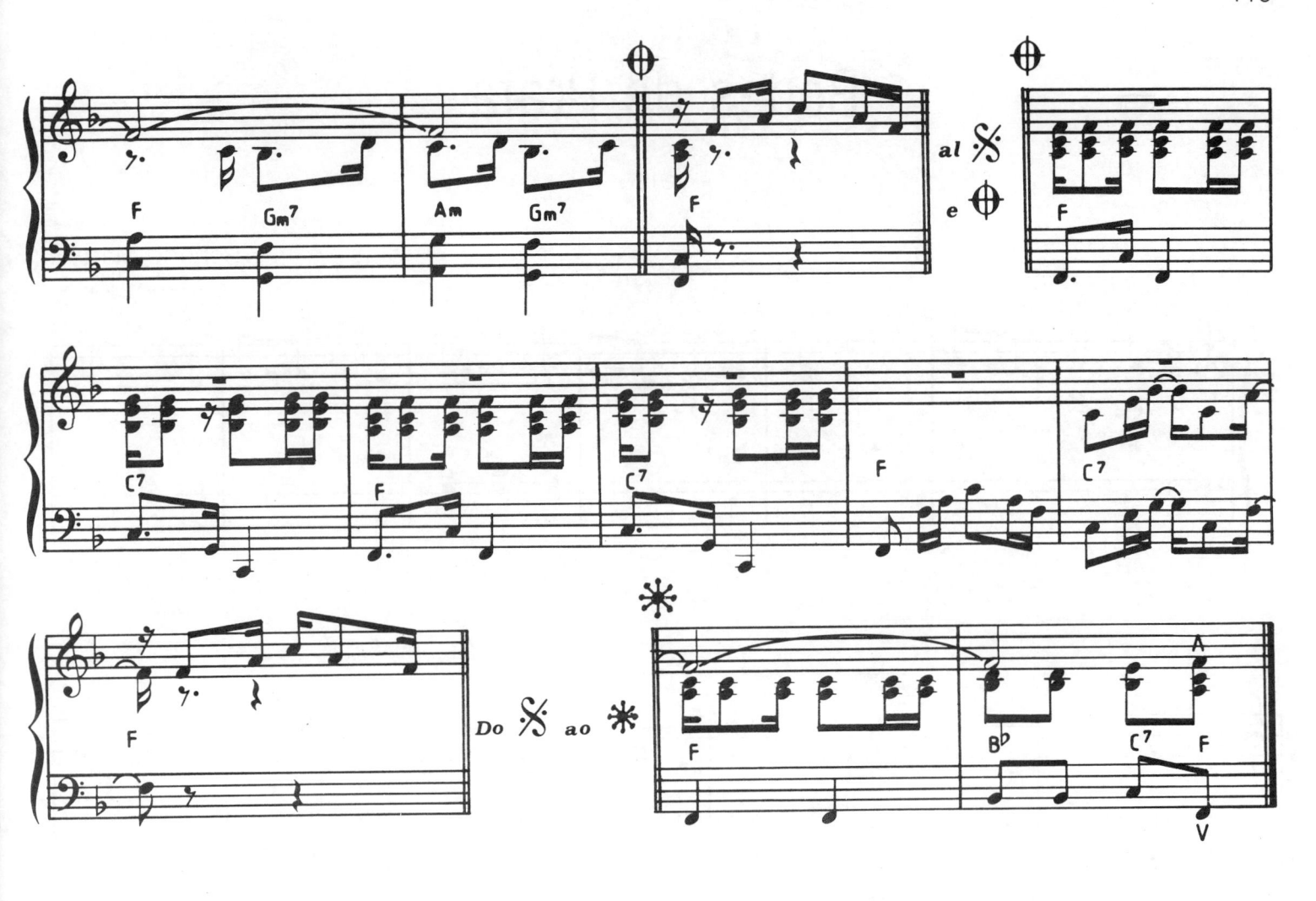

TOM — FÁ MAIOR
F C7 F

Introdução: F C7 F

   F   C7   F
Olha lá vai passando a procissão
                     C7   F
Se arrastando que nem cobra pelo chão
 F7   Bb   F
As pessoas que nela vão passando
 F7   Bb   F
Acreditam nas coisas lá do céu
 F7   Bb   F
As mulheres cantando tiram versos
             Bb
E os homens escutando
 F
Tiram o chapéu.
         Bb
Eles vivem penando
      F
Aqui na terra esperando
        Bb   C7 F Gm7 Am7 Gm7
O que Jesus prometeu

 F   Bb   F
E Jesus prometeu vida melhor
   F7   Bb   F
Pra quem vive neste mundo sem amor
 F7   Bb   F
Só depois de entregar o corpo do chão
               Bb   F
Só depois de morrer neste sertão
                   F
             Bb   A
Eu também estou do lado de Jesus
                   F
            Bb   A
Só que acho que ele esqueceu de dizer
  Bb7   F
Que na terra a gente tem de arranjar
      Bb   C7 F Gm7 Am7 Gm F
Um jeitinho pra viver
 F   Bb   Bbm F
Muita gente se arvora a ser Deus
  F7   Bb   Bbm F
E promete tanta coisa pro   sertão
          Bb   F
Que vai dar um vestido pra Maria
 F7   Bb   F
E promete um roçado pro João
 F7   Bb   F
Entra ano e sai ano e nada vem
               Bb   F
Meu sertão continua ao Deus dará
                      F
         Bb7   A
Mas se existe Jesus no firmamento
 Dm7   Gm7   C7 F Gm7 Am7 Gm7 F
Cá na terra isto tem que se acabar

Bodas de Prata

Valsa

Roberto Martins
e Mário Rossi

Gm7
C5+
F7M
Fm7
Fm6
Bb7
A7
Dm7
G7
C
G13
C7M
F7M
Em
Dm7
C7M
Em7
Dm7
G7
Dm
G7
Dm7
G7
Dm7
G9
C7M
G13

TOM — DÓ MAIOR
C   G7   C

Introdução: F D#º Em7 A7 Dm G7 C G5+

    C7M   G5+   C7M   G5+
Beijando teus lindos cabelos
        C   5+
  E   A7   Dm7 A9-
Que a neve do tempo marcou
  Dm7   A7   Dm7 Em7
Eu tenho nos olhos molhados
  Dm7   G7   C7M G13
A imagem que nada mudou:
  C7M   G5+   C7M
Estavas vestida de noiva,
  Gm7   C5+   F7M
Sorrindo e querendo chorar
  Fm7   Fm6
Feliz... Assim...
  Bb7   A7
Olhando para mim,
  Dm7   G7   C
Que nunca deixei de te amar

  G13   C7M   F7M   Em
Vinte e cinco anos vamos festejar de união
Dm7   C7M   Em7   Dm7
E a felicidade continua em meu coração
 G7   Dm   G7   Dm
Vai crescendo sempre mais o meu amor por ti
 G7   Dm   G9 C7M
Eu também fiquei mais velho e quase não senti.
 G13   C   G7 Em7 Dm7
Vinte e cinco anos de veneração e prazer,
C7M Gm7   C7   F7M
Pois, até nos momentos de dor
C13 F7M F#m5- B7 Em7   A7
O teu coração me faz compreender:
  Dm   G7   C Ab13 G13
Que a vida é bem pequena para tanto amor.

                        6
                Db7M C9
Para terminar: amar

Taj Mahal

Jorge Ben

A Bahia te espera

Samba

Herivelto Martins
e Chianca de Garcia

A7
D7
F7
B♭7
E♭
B♭
E♭m7
G♭7
B♭
D7
G
C7M
G
G7M
C7
G/B
A♯0
Am7
Bm5-
E7
Am7
Em7
A7
D7
Am7
D7
F7
E7
E♭7
D
A7/C♯
C7
D7/A

G
C7
G
C7
G7M 9
C9
G7M
C7
G
C7M
C9
F#m5-
B7
E7
Bm5-
E7
Am
D7
Am7
D7
G
Cm7
F7
G
G7M
Eb7

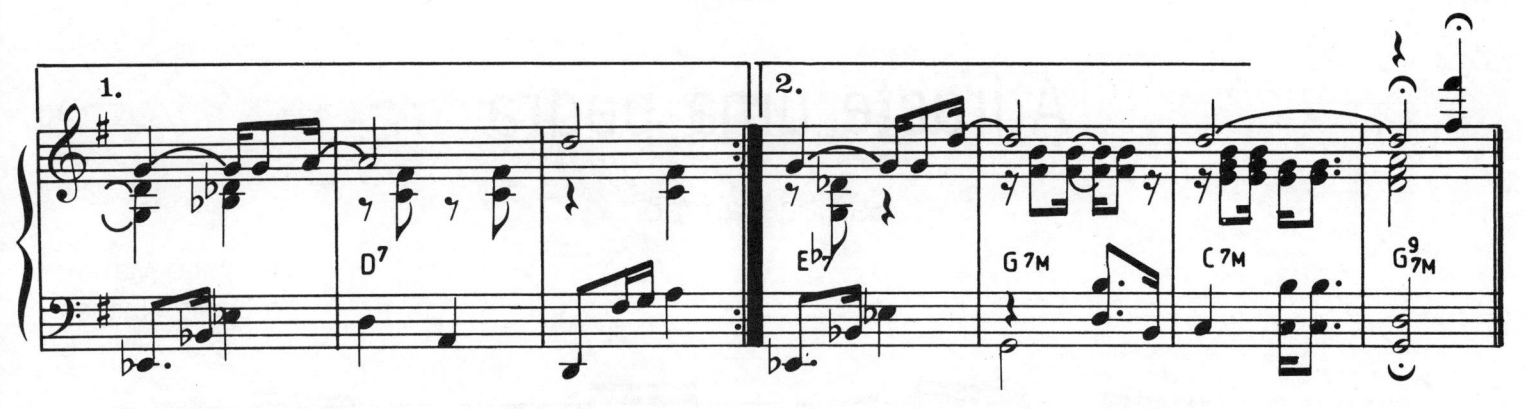

TOM — SOL MENOR
Gm   D7   Gm

Gm   A7
  Oh! Bahia da magia
D9-   Gm
  Dos feitiços e da fe
   Cm7   Eb
  Bahia que tem tanta igreja
A7   D7
  E tem tanto candomblé.

   G7M C7M   G7M
  Para   te buscar
C7   G   A#°   Am7
  Nossos saveiros já partiram para o mar
D7   Am7
  Yayá Eufrásia
  D7   G7M
  Ladeira do Sobradão
   6
  G9   Em7   A7   D7
  Está formando   seu candomblé
F9   Bb   Eb   Bb7M
  Velha Damásia da Ladeira do Mamão
    Ebm7 Gb7 Bb D7
  Está preparando o acarajé
  G C7M   G G7M
  Para   te buscar
       G
C7   B   A#°   Am7
  Nossos saveiros já partiram para o mar
     Bm5-   E7   Am7
  Nossas morenas, roupas novas vão botar
  Em7
  Se tu vieres, irás
A7   D7   Am7
  Provar o meu vatapá
   D7   F7   E7   Eb7
  Se tu vieres, viverás nos meus braços
  D   A7 C7 D7
  A festa de Iemanjá, Vem, Vem!

                G7M
G C7 G   C7M   9   C9 G7M
  Vem   em busca da Bahia
  C7   G   C7M
  Cidade da tentação
      C7   F#m B7
  Onde o meu feitiço impera
E7   Am
  Vê se me trazes o teu coração
D7   Am7 D7
  Vem
          G   Cm7 F9   G
  A Bahia te espera, Bahia   Bahia
  Eb9-   G7M
  Bahia, Bahia (Vem)

Atiraste uma pedra

Samba-Canção

Herivelto Martins
e David Nasser

TOM — DÓ MENOR
Cm   F7   Cm

Introdução: Fm G7 Cm9 Ab7 Fm G7 Cm

                    Fm
Cm   Fm7   Eb   Dm5-
  Atiraste uma pedra no peito de quem
      G7   Cm G5+
  Só te fez tanto bem
        Cm   Fm
Cm   Bb   Ab
  E quebraste um telhado
       G7
  Perdeste um abrigo
          Cm 7M   Cm7
  Feriste um a m i g o
     C7   Gm5-
  Conseguiste magoar
       C7   Fm7
  Quem das mágoas te livrou
Dm5- G7   Cm
  Atiraste uma pedra
       Cm7   Fm
  Bb   Ab
  Com as mãos que esta bôca
     G7   Cm
  Tantas vezes beijou.

Cm7   Cm   Fm6
  Quebraste o telhado
           G7
  Que nas noites de frio
         Cm
  Te serviu de abrigo
Cm7   C9   Gm5-
  Perdeste um amigo
              C7
  Que os teus erros não viu
             Fm
  E o teu pranto enxugou
  Fm
  Eb   Dm5-
  Mas acima de tudo
     G7
  Atiraste uma pedra
       Cm
  Turvando esta água
            Cm
Cm   Bm7   Bb
  Esta água que um dia
          Fm
  Ab°   Ab
  Por estranha ironia
    G7   Cm   Cm7 Fm7 G7 Cm
  Tua sêde matou.

Abre a janela

Samba

Arlindo Marques
e Roberto Roberti Jr.

TOM — SOL MAIOR
G   F7   G

Introdução: G7M G7 C7M F7 A7 D7 G Bb° Am7

Côro

Bis {
      D7 G
  Abre a janela
  C7   G
  Formosa mulher
C7   G   E7   A° Am
E vem dizer adeus a quem te adora
  Bm7   G7
  Apesar de te amar
              C
  C   D
  Como sempre amei
  G   D7   G
  Na hora da orgia eu vou embora

     Am7   D7   Am7
Vou partir e tu tens que me dar perdão
                      C
D7   G6   D   G   G7M
Porque fica contigo o meu coração
D7   G   Bm7   C Cm
Podes crer que acabando a orgia
Cm7 Em7   A7   D7
Voltarei para a tua companhia

Água de beber

Samba-Bossa

Letra: Vinicius de Moraes Música: Tom Jobim

TOM — MI MENOR
Em   B7   Em

Introdução: Em   C13   B7   Em7   C13   B7   Em7   C7M   Am7   Em

       F#7   B7   Em
Eu quis amar mas tive medo
    Am7   D9   G7M
E quis salvar meu coração
                        Em   Em
C7M   F#7 F7 Em Eb7 D   C#
Mas do amor guarde um   segredo
 Am
 C   B9-   Em
O medo pode matar o seu coração
Em7   A7 Am
Água de beber
     Em
Água de beber camará
   Em7 A7
Água de beber
                   5+
     Em   B9+
Água de beber camará

       F#7   B7   Em
Eu nunca fiz coisa tão certa
    Am7 D9   G7M
Entrei prá escola do perdão
                                   Em
C7M   F#7 F7 Em7 Eb7 Em   C#
A minha ca—sa vive   aberta
 Am
 C   B9   Em
Abri todas as portas do coração
Em7   A7 Am
Água de beber
     Em
Água de beber camará
   Em7 A7 Am
Água de beber
                   5+
     Em   B9+
Água de beber camará

(Voltar a introdução)

Debaixo dos caracóis dos seus cabelos

Roberto Carlos e Erasmo Carlos

Am7
D7
G
D7
G
C
D7
D9
D7
G
Am7
D7
G
E9-
Am7
D7
ao
e
G
Rep. ad lib.
G
C6
Am7
D7

TOM — SOL MAIOR
G   D7   G

Introdução: G Am7 D7 G E9- Am7 D7

       G   Em   Am   Am7
Um dia areia branca seus pés irão tocar
    Am6   D7   G   C6   G
E vai molhar seus cabelos a água azul do mar
       G   Em7   Am
Janelas e portas vão se abrir prá ver você chegar
     Am6   D7   G   C6 G
E ao se sentir em casa, sorrindo vai chorar.

      G   C6
Debaixo dos caracóis dos seus cabelos
     Am7   D7   G   D7
Uma história prá contar de um mundo tão distante
     G   C
Debaixo dos caracóis dos seus cabelos
       D7   D9   G Am7 D7 G E9- Am7 D7
Um soluço e a vontade de ficar mais um instante

     G   Em   Am Am7
As luzes e o colorido que você vê agora
   Am6   D7   G C6 G
Nas ruas por onde anda, na casa onde mora
                 Em   Am
Você olha tudo e nada lhe faz ficar contente
    Am6   D7   G   C6 G
Você só deseja agora, voltar prá sua gente

      G   C6
Debaixo dos caracóis dos seus cabelos
     Am7   D7   G   D7
Uma história prá contar de um mundo tão distante
     G   C
Debaixo dos caracóis de seus cabelos
       D7   D9   G Am D7 G E9- Am7 D7
Um soluço e a vontade de ficar mais um instante

      G   Em   Am Am7
Você anda pela tarde e o seu olhar tristonho
    Am7   D7   G   C6   G
Deixa sangrar no peito uma saudade um sonho
     G   Em   Am
Um dia vou ver você chegando num sorriso
    Am6   D7   G   C6 G
Pisando a areia branca que é seu paraíso

      G   C6
Debaixo dos caracóis dos seus cabelos...

O Moço Velho

Silvio Cesar

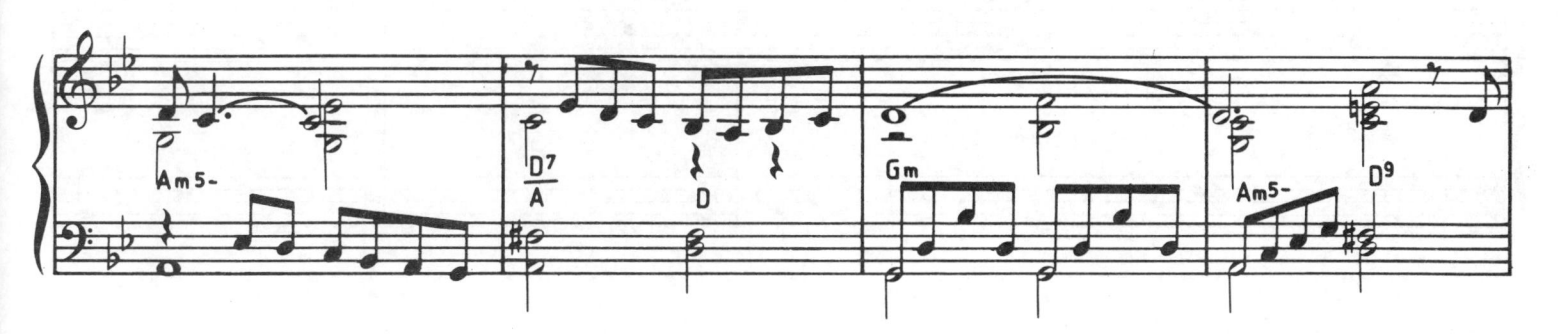

Tempo de adágio

Gm
E♭/F
F13
B♭7M
E♭7M
Cm
A♭
Cm
Am5-
D7
Gm
Dm7
E♭/F
E♭7M
Dm7
Am5-
D9-
Gm
E♭7M
Cm7
E♭7M
F
F 4 susp.
D9-
Gm9
E♭
Cm
Dm
Am5-
D9-
Gm
B♭
B♭7M
Am5-

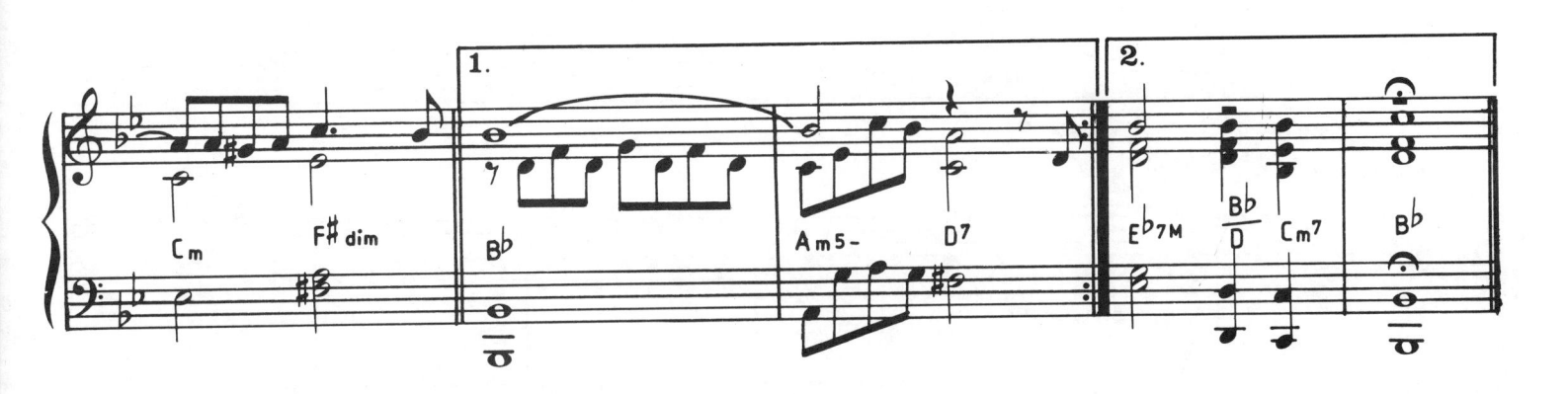

TOM — Sib MAIOR

Introdução: Bb F7 Bb Am5- D7 Gm7 Eb7M Cm Cm7/F Cm F7 Bb Am5- D7/F

   D7   Gm
Eu sou
  Eb
  F   F13   Bb7M
Um livro aberto sem histórias
Eb7M   Am5-
Um sonho incerto sem memórias
 D7
  A   Gm Am5-
Do meu passado que ficou
 D7   Gm
Eu sou
  Eb
  F   F13   Bb7M
Um porto amigo sem navios
Eb7M   Cm Ab Cm
Um mar abrigo a muitos rios
                       Eb
Am5-   D7   Gm Dm7 F
Eu sou apenas o que sou

Eb7M   Dm7
Eu sou um moço velho
Am5-   D9- Gm
Que já viveu muito
Eb7M Cm   Eb7M F   Fsus
Que já sofreu tudo
D9-   Gm9
E já morreu cedo
Eb7M   Cm Dm
Eu sou um moço velho
Am5-   D9- Gm
Que não viveu cedo
Bb   Bb7M Am5-
Que não sofreu muito
Ab7M   Fm7 Gm
Mas não morreu tudo
Bb   Dm Cm
Eu sou alguém livre
Am5-   D9-
Não sou escravo
       Gm
E nunca fui senhor
Eb7m   Cm   Fsus
Eu simplesmente sou um homem
Cm   F#dm Bb
Que ainda crê no amor

Bota molho neste samba

Samba-Batucada

Letra e Música
de Mário Mascarenhas

TOM — DÓ MAIOR
C G7 C

Introdução: Fm6 C Fm6 C G7 C Dm7 G7 C

I

Bota mólho neste samba
Dm7 G7 C
Esquindun, esquindun dun dun
F7 C
Porque eu quero é sambar
C7M Em7 Am Dm
Esquindun, esquindun dun dun
G7
Sem balanço, sem a ginga
Dm7
Esquindun, esquindun dun dun
G7 Dm7
Eu não posso requebrar
G7 C
Esquindun, esquindun dun dun
C G7 C

II

Meu pai é Compositor
F7M C
Lá laiá la laiá
F7 Em5-
É o Chefe de Harmonia
A5+ Dm
Lá laiá la laiá
Fm6
Minha mãe lá no desfile
C
Lá laiá la laiá
Am7 Dm7
É destaque na Alegoria
G7 C
Esquindun, esquindun dun dun
Dm7 G7 C

III

Meu irmão é Mestre-Sala
Dm7 G7 C
Esquindun, esquindun dun dun
F7 C
Minha irmã Porta-Bandeira
C7M Em7 Am Dm
Esquindun, esquindun dun dun
G7
Lá na Ala da Baianas
Dm7
Esquindun, esquindun dun dun
G7 Dm7
Minha vó é a primeira
G7 C
Esquindun, esquindun dun dun
C G7 C

IV

Sou Passista de "nascença"
F7M C
Lá laiá la laiá
F7 Em5-
Lá do alto da Favela
A5+ Dm
La laiá la laiá
Fm6
Vou mostrar como se samba
C
Lá laiá la laiá
Am7 Dm7
Quando eu entrar lá na Passarela
G7 C
Esquindun, esquindun dun dun
Dm G7 C

Para terminar:

Bis { Bota mólho neste samba
Dm7 G7 C
Esquindun, esquindun dun dun
Dm7 G7 C

(Repetir ad. lib.)

Berimbau

Samba

Baden Powell e
Vinicius de Moraes

TOM — MI MENOR

Em   B7   Em

Introdução: *(4 compassos de rítmo em Em)*

   Em   Bm7
Quem é homem de bem não trai
              Em
O amor que lhe quer seu bem
                       Bm7
Quem diz muito que vai não vai
                 Em7
Assim como não vai não vem
                     Bm7
Quem de dentro de si não sai
                 Em
Vai morrer sem amar ninguém
  Em7   Bm7
O dinheiro de quem não dá
                 Em
É o trabalho de quem não tem

                    Bm7
Capoeira que é bom não cai
Mas se um dia ele cai
  Em
Cai bem

(4 compassos de Em)

Estribilho

Am D7   G7M
Capoeira me mandou
F
 G   G7   C9-
Dizer que já chegou
 B7   Bm4 Bm7 E9-
Chegou para lutar
Am7 D7   G7M
Berimbau me confirmou
F
 G   G7   C9-
Vai ter briga de amor
 B7   Em
Tristeza acabará

Conselho

Samba-Canção

Letra e Música
Denis Brean e O. Guilherme

TOM — DÓ MENOR
Cm   G7   Cm

             Cm Ab
Introdução: Cm D7 Dm7 G7 Cm7 Bb Bb Bb13 Ab13 Csusp G7

        A7
  Cm   A
Se você me encontrar pelas ruas
Ab6 Dm5- G7 Cm7
Não precisa mudar de calçada
   Cm   Fm
   Bb   Ab
Pense logo que somos estranhos
Fm7 G7 G9- Cm
E que nunca entre nós houve nada...
  Bb
  Db C7 Fm
Não precisa baixar a cabeça
  Bb7   Eb7M
Prá não ver os meus olhos nos seus
  G7 Cm Fm
Passarei por você sem rancor
  Cm G7 Cm
Sem lembrar que entre nós houve adeus.

  Fm7 Bb7 Eb
Nossos sonhos são tão diferentes
        5-
Ab7 G7   Gm7
O remédio é mesmo deixar
C7 Dm5- G7 Cm
Que este amor se desfaça com o tempo
  D7
  A Ab7 G7
Sem que seja preciso chorar...
  Fm7 Bb7 Eb
Entre nós não há culpa nem nada
        5-
Ab7 G7   Gm7
O destino que assim escreveu
    5-
C7 Dm7 G7 Cm
Poderemos achar noutros braços
    5-
  Dm7 G7 C7
Esse amor que entre nós não viveu.
      Cm D7 Dm7 G7 C7M
Para terminar: viveu...

Bis

Tem mais samba

Samba-Bossa

Chico Buarque de Hollanda

TOM — RÉ MENOR
Dm   A7   Dm

Introdução: *Gm7   C7   F7M   Bb7M   Em9   A7   D7M   A7*

       Mais samba
Dm   *Dm7*   *Cm7*
tem mais samba no encontro que na espera
               F7   *Dm*
Tem mais samba a maldade que a ferida
               G7   *Cm7*
Tem mais samba no porto que na vela
               F7   *Dm*
Tem mais samba o perdão que a despedida
             F7   *G7*
Tem mais samba nas mãos do que nos olhos
           Bb   *Bbm6* *Dm*
Tem mais samba no chão do que na lua
            F7   *G7*
Tem mais samba no homem que trabalha
           Bb   *Bbm6* *Dm*
Tem mais samba no som que vem da rua
                      9
           C7   *F6*
Tem mais samba no peito de quem chora
           F9   *Bb*
Tem mais samba no pranto de quem vê
         Em5- *A7*   *Dm*
Que o bom samba não tem lugar nem hora
               E7
O coração de fora
       A7
Samba sem querer
Dm *C13* *F7M* *Bb7M*
Vem, que pas — sa
Em9 A7 *D7M*
Teu   sofrer
Dm7   *Fm*   *G7*
Se todo mundo sambasse
       E7   *Em9 A7*
Seria tão fácil viver

Nossa Canção

Bolero-Lento

Luiz Ayrão

TOM — DÓ MAIOR
C   G7   C

Introdução: Dm7   G7   E9+   Am   Am7   Dm11

     C   C7M   E7
    Olha aqui,   presta atenção
Am   G7   C   Am7
    Esta é a nossa canção
F7   Dm7   G7
    Vou cantá-la seja onde for
  F   F7M   G7   Dm7
    Para nunca esquecer o nosso amor
    G7
    Nosso amor.

    C   E7
    Veja bem,   foi você
Am   G13   C7M
    A razão e o porque
Dm7   G7
    De nascer esta canção assim
Dm7   G7
    Pois você é o amor que existe
    C   F9
    Em mim.

Dm   Bm4   E7   Am
    Você partiu   e me deixou
F   E7   Am
    Nunca mais você voltou
        Dm7   G7   C7M   Dm
    Prá me tirar   da solidão
    Dm7   E7
    E até   você voltar
Dm7   E7
    Meu bem eu vou cantar
Dm7   G7   C   C7M   C7M
    Esta nossa canção.

Folhetim

Samba-Canção

Chico Buarque de Hollanda

TOM — DÓ MAIOR
C   G7   C

Introdução: C13   F   F°   G C/C   C5+   F/F   C   G7   C

C   F
  G   Gm7
Se acaso me quiseres
C7   F7M
Sou dessas mulheres
          C
Fm   G G#° Am7
Que só dizem sim
  C13   F7M
Por uma coisa atôa
       C
 F#° G
Uma noitada boa
           F
A7 Dm7   G   C7M
Um cinema, um botequim
 F
 G   Gm7
E se tiveres renda
C7   F7M
Aceito uma prenda
         C
Fm   G G° Am7
Qualquer coisa assim
  C13   F7M
Como uma pedra falsa
      C
F#° G
Um sonho de valsa
          F
A7   Dm7 G C7M
Ou um corte de cetim

          Am
E7   C
Que eu te farei as vontades
        Dm9
Direi minhas verdades
     G7 C
Sempre a meia luz
Bm7 E9- Am7
E te farei vaidoso
B7   E7
Supor, que és o maior
        G13
E que me possues
     6
C9   Gm7   C7
Mas na manhã seguinte
        F7M
Não conta até vinte
        C
Fm   G G#° Am
Te afasta de mim
   C7   F7M
Pois já não vales nada
      C
F#° G
És página virada
                                C 5+   9
A7   Dm7 G7   C C13 F7M F#° G C7 F G7 Fm9 Fm7 C7M
Descartada do meu folhetim

Zelão

Samba-Médio

Sérgio Ricardo

© Copyright 1960 by Editora Nossa Terra Ltda. - Rio de Janeiro - Brasil (Fermata)
Todos os direitos autorais reservados - All rights reserved.

TOM — DÓ MENOR
Cm   G7   Cm

Introdução: *Cm   Cm7   Eb °   Cm*

Bis
{
         Cm   *Ab7M*
    Todo o morro entendeu
       Fm
    Quando zelão chorou
G7   *Cm7*   *Dm5-*
    Ninguém riu nem brincou
    G7   Cm   *Dm5-   G7*
    E era Carnaval
}

               Cm
2ª vez: Carnaval

Cm   *Fm*
    No fogo de um barracão
Bb7   *Eb7M*
    Só se cozinha ilusão
Ab7M   *Fm*
    Restos que a feira deixou
Fm
 Eb   *Dm5-*
    Que ainda é pouco, só.

            Cm
G7   *Eb*   *Cm*
   Mas assim mesmo Zelão
Cm7   *Fm*
   Dizia sempre a sorrir
          Ab
Fm7   *Bb*
   Que um pobre ajuda outro pobre
Ab7   *Db7M*
   Até melhorar

   Cm   Cm9
   Choveu,   choveu
   Cm   *F7*   *Cm*
   A chuva jogou seu barraco no chão
F13 *Cm*   *F9*   *Cm*
   Nem foi possível salvar o violão
Cm9 *Gm9*   *A13   C9-* *F7M*
   Que acompanhou morro abaixo a canção
    Fm7   *Bb7*   *Eb7M*
   Das coisas todas que a chuva levou
   Ebm7   *Ab7*   *Db7M G11+*
   Pedaços triste do seu coração

Você

Bossa Nova

Roberto Menescal
e Ronaldo Bôscoli

TOM — SOL MAIOR
G   D7   G

Introdução: C7M   Cm7   Cm7   F   Bm7   Em7   Am   D7

G7M
Você, manhã de tudo meu
C7
Você, que cedo entardeceu
G7M
Você, de quem a vida eu sou
Bm9   Bbm9
E sem mais eu serei...
Am
Você, um beijo bom de sal,
Cm7   F7
Você, de cada tarde vã,
Bm7 Em7   A13   Am7
Virá   sorrindo de manhã

D7   G7M
Você,   um riso lindo à luz
C7
Você, a paz de céus azuis,
G7M
Você,   sereno bem de amar
Dm7 G13
Em mim
C7M   F7
Você   tristeza que eu criei
Bm Em7   A7
Sonhei você pra mim
Am7   D7
Bem mais pra mim
D9-   G7M
Mas só...

Tudo é magnífico

Samba-Canção

Haroldo Barbosa e Luiz Reis

© Copyright by Copacabana Musical Ltda. (Copacor)
Todos os direitos autorais reservados - All rights reserved.

TOM — SOL MAIOR
G   D7   G

Introdução: Am D7 G Bm7 Am9 D13

      Bm5-   *E7*
Magnífica é aquela tragada
     Am
Puxada depois do café...
  Am5-   *D7*
Magnífica é a escola de bola
               G7M *C7*   *G7M*
D'um homem chamado   Pelé
 C#m7   *F#7*   *C#m7*
Magnífico é o papo da tarde
 F#7   *B7M*   *B*
Na mesa de amigos, no bar...
         6
A7   *D9*   *B7*   *Em7*
Magnífico é o barco voltando
 Em9   *A7*   *D7*
Depois dos castigos do mar...

    Bm7   *E7*
Magnífico é a lágrima calma
     Am
Que tantos segredos contém
 Am5-   *D7*
Magnífico é o homem do espaço
          G7M *C7*   *G7M*
Que vôa num céu   de ninguém;
     Dm9   *G13*
Formidável sou eu que abraço
                  C   *Bb*
No espaço, a saudade de alguém
    G
   B   *Bb°*   *Am7*
Formidavel sou eu esperando,
             D7   *G*
Sabendo que você não vem.

Saudade de Itapoan

Baião-Toada

Dorival Caymmi

TOM — DÓ MAIOR
C G7 C

Introdução: C Gm7 C7 F B7 Em7 Am7 Dm G7 C Dm7 G7

      C   F   C
Coqueiro de Itapoan
    F7M
Coqueiro!
  Dm7   G7
Areia de Itapoan
  C7M G13
Areia!
  C7M F7M   C
Morena de Itapoan
    F7M
Morena
  Dm7   G7
Saudade de Itapoan
    C
Me deixa...

    C   G7   C
O vento que faz contigo
    C7   F   C7   F
Nas folhas, no alto do coqueiral!...
    Dm   A7   Dm7
O vento que ondula as águas
   A7   Dm   G7
Eu nunca tive saudade igual
  Cm   Fm
Me traga boas notícias
    Cm Ab7   G7
Daquela terra toda manhã
  Cm   Fm
E jogue uma flor no colo
    Cm Ab7   G7
De uma morena de Itapoan
               F   G7   C   G7 C Dm G7 C
Para terminar: me deixa   me deixa

Samba do Avião

Antonio Carlos Jobim
(Tom Jobim)

161

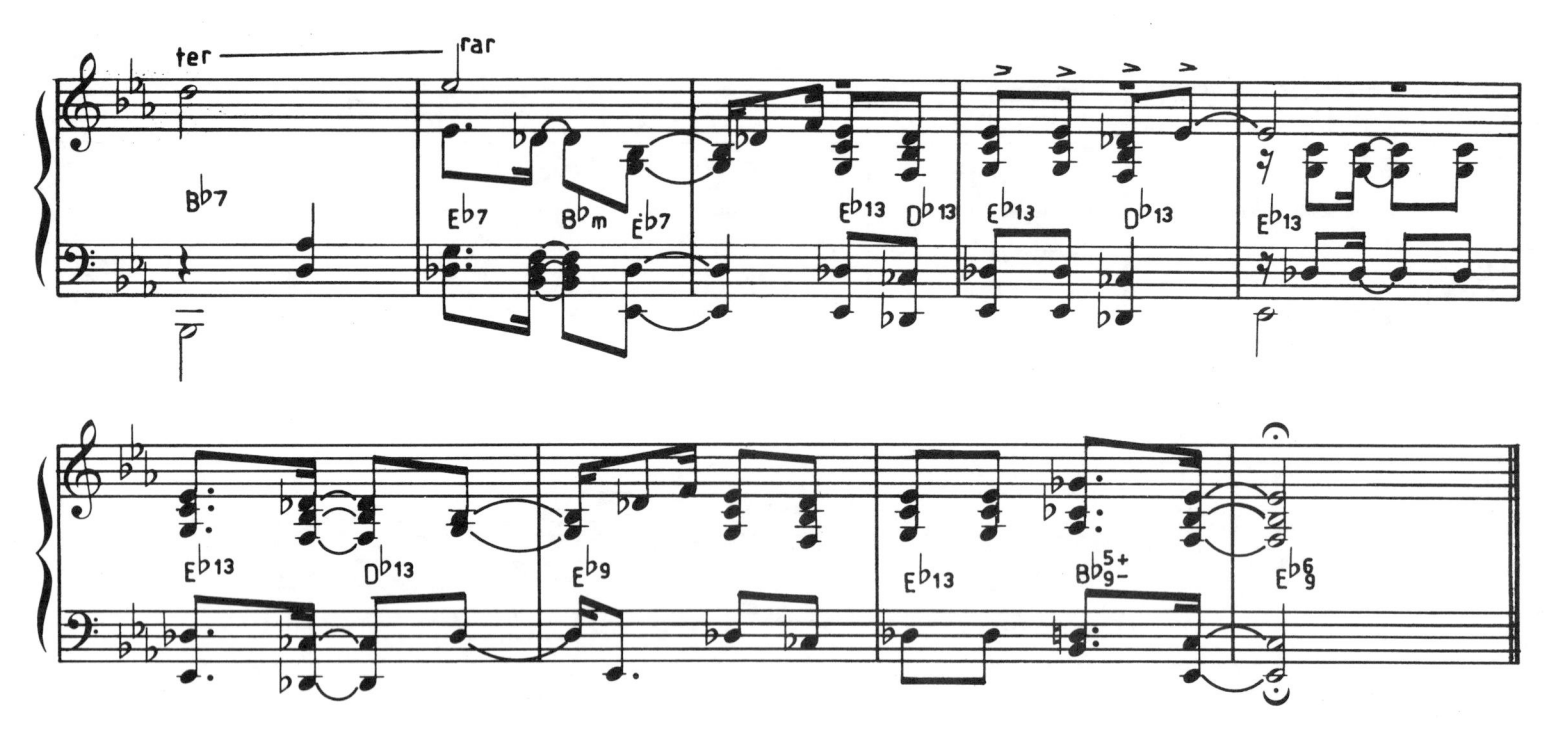

TOM — Mib MAIOR
Eb   Bb7   Bb

Introdução: Ab7M Abm7 Eb7M Bbm Eb13 Ab7M Abm7 Gm5- C7 Fm Bb13

    9
Eb7M   Cm   Fm7   Bb7
Minha alma can — ta

Bb   Eb   Eb5-   Ab7M   Abm6
Vejo o Rio de Janei — ro

Gm7   Gb°   Gm5- C7
Estou morrendo de sauda — de

F7   F13
Rio teu mar, praias sem fim

Fm7   Bb7
Rio você foi feito pra mim

Gm7   Gb°   Fm7 Bb7   Bbm7   Eb   Eb7   Ab7M
Cristo Redentor   braços abertos sobre a Guanabara

Abm7   Abm6
Este samba é só porque

Eb   Bb7   Bb13
Rio eu gosto de você

Ab7M   Abm7   Db7
A morena vai sambar

C13   C9-   Fm   Bb7
Seu corpo todo balançar

Gm5-   C9-
Rio de sol, de céu, de mar

Ab7M
Dentro de mais uns minutos

    F7   F13
Estaremos no Galeão

Abm7   Abm6
Este samba é só porque

Eb   Bb7   Bb13
Rio eu gosto de você

Ab7M   Abm7   Db7
A morena vai sambar

G13   C9-   Fm   Bb7
Seu corpo todo balançar

Gm5-   C9-
Aperte o cinto, vamos chegar

Ab7M
Água brilhando, olha a pista chegando

 F7   F13
E vamos nós

Ab7M Eb13   Eb7 Bbm Eb7
A — ter — rar

Eb13 Db13 Eb13 Db13 Eb13

                     5- 6
Eb13 Db13 Eb9 Eb13 Bb9- Eb9

Rosa

Valsa

Alfredo Vianna
(Pixinguinha)

F
F
Fm
C
A7
Dm7
G7
C
Am
Am/G
F#9-
Dm/F
E7
Am
Em5-
A7
Dm
B7
E7/D
Am
Am/G
F#9-
Dm/F
E7
E7/D
A7/C#
A7
Dm6
Dm

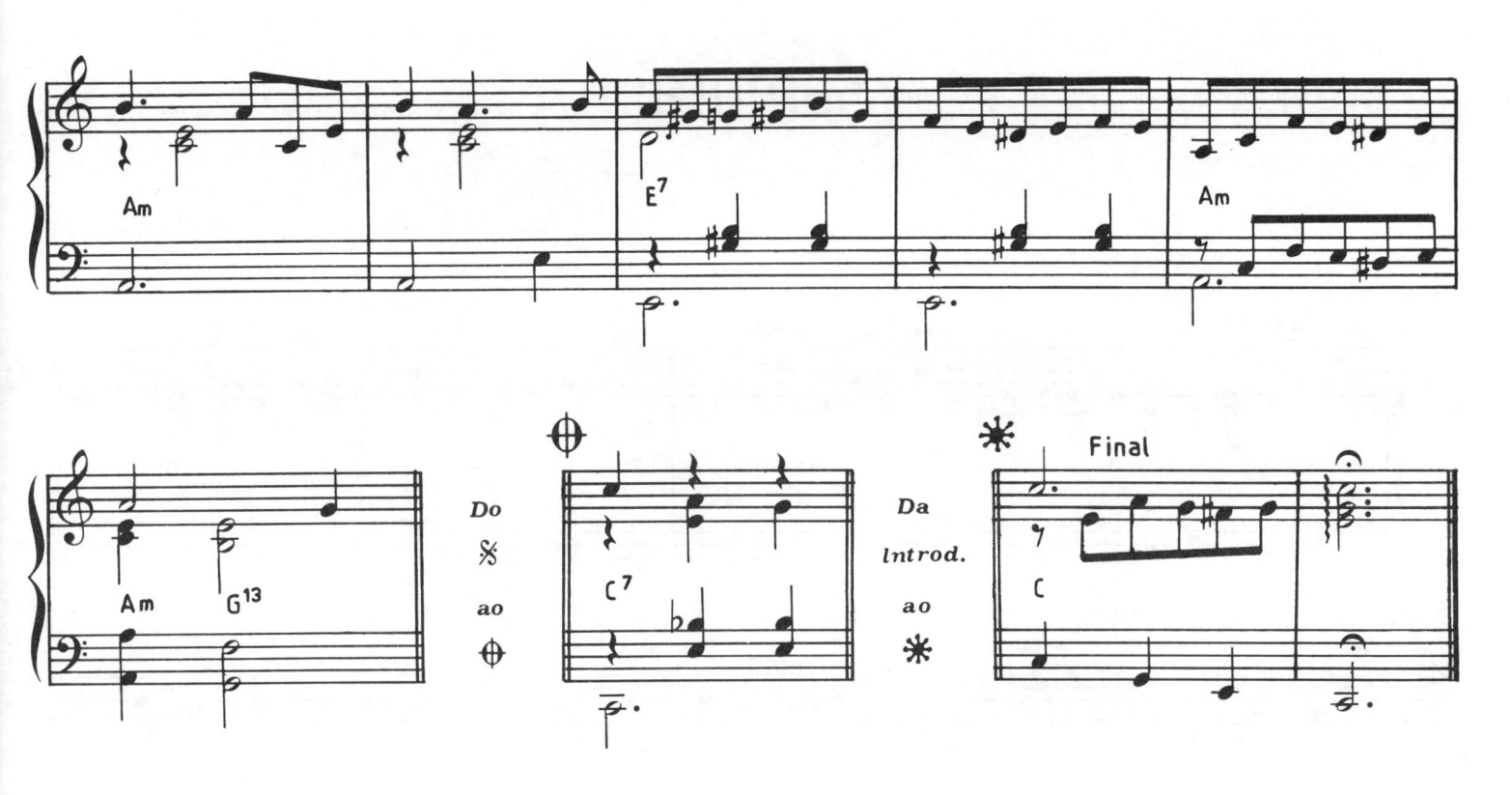

TOM — DÓ MAIOR
C   G7   C
Introdução: F7M C9 A7 Dm7 G7 C G7
(6 above Dm7)

1ª parte

C   G7
Tu és, divina e graciosa, estátua majestosa,
 C   C7M   G7   F#° G7   E7
Do amor,   por Deus esculturada e formada com o ardor
                    Am   A7
Da alma da mais linda flor de mais ativo olôr
      Dm   G9- G7
Que na vida é preferida pelo beija-flor.
  C   G7
Se Deus, me fora tão clemente, aqui neste ambiente
  C7   F
De luz formada numa tela, deslumbrante e bela
F   Fm   C   A7   Dm
 O teu coração, junto ao meu, lanceado, pregado
   G7   C   C
E crucificado sobre a rosea cruz do arfante peito teu.

2ª parte

                         Dm
 Am   F#9-   F
Tu és, a forma ideal, estátua magistral
       E7   Am7
Oh! alma perenal do meu primeiro amor, sublime amor
      Em5- A7   Dm
Tu és, de Deus   a soberana flor
      B7   E7
Tu és, de Deus a criação, que em todo o coração
              Am   Dm
   Am   G   F#9-   F
Sepultas o amor,   o riso, a fé e a dor em sandalos olentes
         E7   A7
  E7   D   C#   A7
Cheios de sabor,   em vozes tão dolentes como um sonho em flor
Dm6   Dm   Am
Es, lactea estrela, és mãe da realeza,
   E7
És tudo enfim que tem de belo
         Am   G13
Em todo o resplendor da santa natureza.

3ª parte

C   G7
Perdão, se ouso confessar-te, eu hei de sempre amar-te
  C   C7M   G7   F#° G7   E7
Oh! flor,   meu peito não resiste, oh! meu Deus quanto é triste
                  Am   A7
A incerteza de um amor que mais me faz penar
      Dm   D7 G7
Em esperar, em conduzir-te um dia ao pé do altar
  C   G7
Jurar, aos pés do Onipotente em preces comoventes
  C7   F
De dor, e receber a unção de tua gratidão
F   Fm   C   A7   Dm
 Depois, de remir, meus desejos em nuvens de beijos
   G7   C   C
Hei de te envolver até meu padecer, de todo o fenecer.

Samurai

Djavan

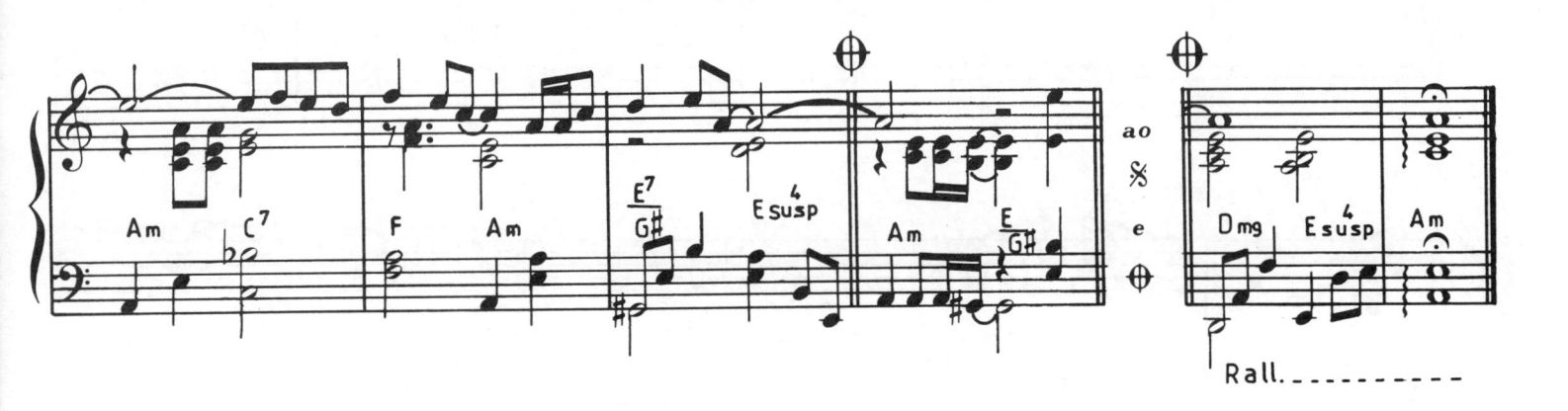

TOM — LÁ MENOR

Am   E7   Am
              E   E
Introdução: Am G# Am D7 F G# Am D7

```
              E
         Am   G#
         Ai . . .
   Am7        D7
       Quanto querer
    F            E7  Am  C7  C9
       Cabe em meu coração
              E
       F7M   G#
         Ai . . .
   Am7        D7
       Me faz sofrer
                E9-
   F7M         G#
       Paz que me mata
              Am      C7
       E se não mata, fere...
              E
       F7M   G#
         Vai . . .
      Am        D9
         Sem me dizer
                E9-
   F7M         G#    Am  C7
       Na casa da paixão
              E
       F7M   G#
         Sai . . .
   Am7        D7
       Quando bem quer
              E
   F7M       G#
       Traz uma praga
              Am7    C7
       E me afaga a pele...
```

```
              E
   F7M       G#  Am
       Crescei,    luar
              D7              Gm9
       Para iluminar as trevas
        Fm9      Bb      C7
       Fundas da paixão
              E
    F         G#
       Eu quis, lutar
              Am      Bb
       Contra o poder do amor
              Bb           E7
       Caí nos pés do vencedor
              F
       Para ser o serviçal
                    E7  Am
       De um samurai
       C7              Am
       Mas eu estou tão feliz!
                     E7
                     G#
       Dizem que o amor
              Am
       Atrai
```

Samba do Teléco Téco

Samba

João Roberto Kelly

TOM — FÁ MAIOR
F C7 F

Introdução: F7 Bb Bbm6 F7M D7 Gm C7 F C7

       F7M   D7   Dm7
Samba que não tem   Teleco-Teco
      G7   Gm7
Lá no morro é chaveco
C7   F7M C13
Não é samba não...
C9-   F   Dm7
A turma bate o samba
G7   C7M
No original
Am7   Dm
Prá mostrar
       G7   Gm C7 F9+
Que o malandro é cem por cento nacional
Bb7M   Bbm6
Samba americanizado
  C
Bb   Am7 Dm Am7
Lá não tem opinião
      Gm7   C7   F   Dm7 Am7
Porque o morro não aceita importação...

    Gm   C7
Deixa a cuica roncar
    F7M   Dm7
Para a mulata gingar
       Am7   C7
Ser patriota é zelar
                  F
Pelo que é nosso e do País.
    F7   Bb
Fazer um samba dissonante
Eb7   F7M   D7   Gm
É vestir uma cabrocha elegante
     C7   C13 F
Com modelos de Paris...

                        9
             F Gm7 F7M F7M
Para acabar: de Paris

Rosa de Maio

Fox

Custódio Mesquita
e Ewaldo Ruy

TOM — DÓ MENOR
Cm   G7   Cm

Introdução: D7 G7 Cm Ab7M G7 Cm

         Cm7 G7 Cm7
Rosa de Maio
     D7
É meu desejo
        Gm7 C7
Mandar-te um beijo
C9   Fm   Fm7
Nesta canção...
    Fm
    Ab   G7
Rosa de Maio...
    Cm Cm7
Deste poema
    Am5- D7
Tu és o tema
   G7
E a inspiração

        Cm7 Cm9
Rosa de Maio...
     D7
Já não consigo
       Gm7 C7
Guardar comigo
     Fm
Tanta paixão!
      Dm G7
Rosa de Maio
       Cm Ab7M
Por qualquer preço
    D7
Eu te ofereço
G7   Cm Fm7 Cm
Meu coração!...

Recado

Samba

Paulinho da Viola
e Casquinha

TOM — RÉ MAIOR
D   A7   D

Introdução: E7 A7 F#m5- B7 Em7 A7 D F#m Em A7

Bis {
         D   A7   D D7M
         Era um recado
C11+ D7M   F#m7   Em   B7 Em
     A quem me deu tanto d i s s a b o r
              A7   F#m
     Diz que eu fico bem melhor assim
     Bm7   E7   Em
     E que no passado fui um sofredor
A7   E7
   E hoje já não sou
   A7 F#m7 B7   E7   A7 D B9-
   O que   passou... passou
   B7   E7
   E hoje já não sou
   A7 F#m7 B7   E7   A7 D F#m7 Fm7
   O que   passou... passou
}

Em7   A7   D B7
Vá dizer a minha ex-amada
Em7   A7   B7
Que é feliz meu coração
Em   A7   F#m7
Mas que nas minhas madrugadas
B7   Em A7 D
Eu não me esqueço dela não.
            Em
(leva o recado)

Que Será?

Marino Pinto e
Mario Rossi

175

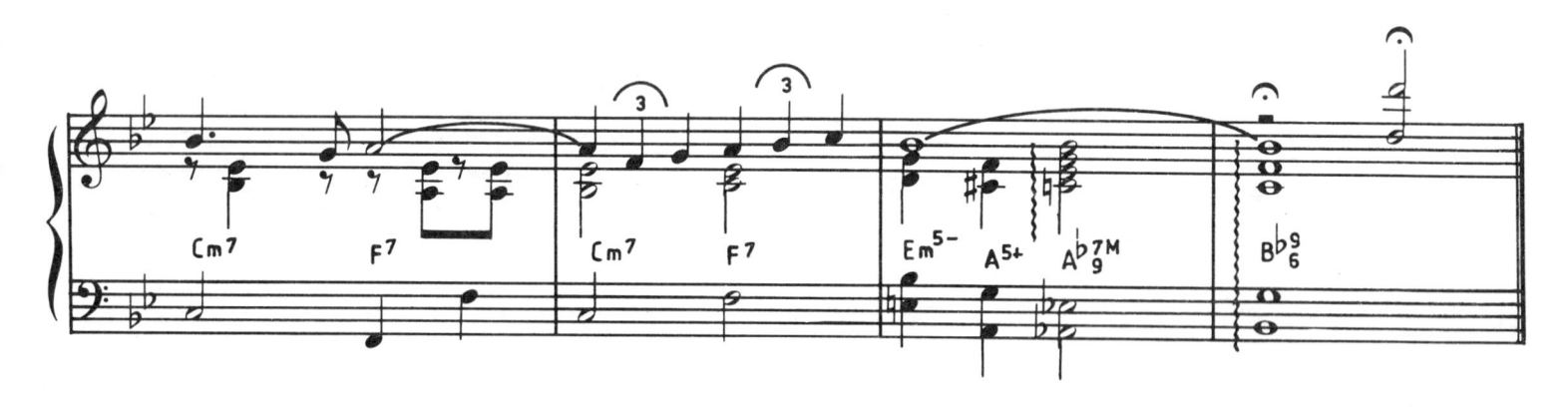

TOM — Sib MAIOR
Bb　F7　Bb
　　　　　　　　　　　　Eb
Introdução: Cm7　F　F9　Bb7M　Eb7　Dm7　Gm7　Cm7　D5+　Gm7　Eb7M　Ab7M　Dm4　G7

I

       Cm
       Que será
Cm7   F7   Bb Bb7M
Da minha vida sem o teu amor
Dm7   Gm7   Cm7 F7 Cm7
Da minha boca sem os beijos teus
       F7   Bb7M Dm7 Fm9
Da minha alma sem o teu   calor?
Bb13 Eb7M   Cm7
Que   será
     F9   Bb Bb7M
Da luz difusa do abat-jour lilás
Dm   Gm7   Cm7 F7
Se nunca mais vier a iluminar
F7   Bb Eb9 Bb
Outras noites iguais?

II

     Fm7
     Procurar
Bb7   Eb
Uma nova ilusão, não sei...
    Gm7
    Outro lar
C7   Cm7   F7
Não quero ter além daquele que sonhei,
          Eb
Bb7 Eb7M F
Meu amor
       F9   Bb7M
Ninguém seria mais feliz que eu
Dm7   Gm7   Cm7 F7
Se tu voltasses a gostar de mim,
Cm7   F7   Bb7M   Dm4
Se o teu carinho se juntasse ao meu.
         Cm7
G7 Cm7 F
Eu errei
         F9   Bb7M Eb7
Mas se me ouvires me darás razão
Dm7   Gm7   Cm7 F7
Foi o ciúme que se debruçou
Cm7   F7   Em5- A5- Bb6
Sobre o meu coração.

PIVETE

Francis Hime e
Chico Buarque de Hollanda

A/E
D7M
E♭7
A♭7
D♭
G9-
Cm7
F7
B♭
D7
Bm7
C♯0
Cm7
F7
B♭
E♭
E7
A
A7
D
D♭7
ao 𝄋 e ⊕
Rep. ad.lib.
C7

TOM — FÁ MAIOR

F C7 F

Introdução: C7 $\overset{F}{C}$ C7 Bb C7 F

$\overset{C7}{\text{No sinal fe}}\overset{Gm}{\text{chado}}$

$\overset{C7}{\text{Ele vende chi}}\overset{F}{\text{clete}}$

$\overset{}{\underset{C}{\text{Capricha na fla}}}\overset{Bb}{\underset{C}{\text{nela}}}$

$\overset{C7}{\text{e se chama Pelé}}$

$\overset{C7}{\text{Pinta na ja}}\overset{Bb}{\underset{C}{\text{nela}}}$

$\overset{C7}{\text{Batalha algum tro}}\overset{F}{\text{cado}}$

$\overset{E4}{\text{Aponta um cani}}\overset{E7}{\text{vete}}$

$\overset{A5+}{\underset{A}{\text{E a}}\overset{Eb}{\text{té}}}$

$\overset{D}{\text{Dobra a carioca, o}}\overset{E7}{\text{lerê}}$

$\overset{A}{\underset{E}{\text{Desce a Frei Ca}}}\overset{D7M}{\text{neca, olará}}$

$\overset{Eb7}{\text{Se manda prá Ti}}\overset{Ab7}{\text{juca}}$

$\overset{Db}{\text{Sobe o Borel}}$

G9- $\overset{Cm7}{\text{Meio se Ma}}\overset{F7}{\text{loca}}$

$\overset{Bb}{\text{Agita numa boca}}$

$\overset{D7}{\text{Descola uma mutuca}}$

$\overset{Bm7\ \ C\#^{\circ}}{\text{E um papel}}$

$\overset{Cm7}{\text{Sonha aquela mi}}\overset{F7}{\text{na, olerê}}$

$\overset{Bb}{\text{Prancha, para}}\overset{Eb}{\text{fina, olará}}$

$\overset{E7}{\text{Dorme gente}}\overset{A}{\text{ fina}}$

$\overset{A7}{\text{Acorda pi}}\overset{D\ \ Db9}{\text{nel}}$

$\overset{C7}{\text{Zanza na sar}}\overset{Gm}{\text{jeta}}$

$\overset{C7}{\text{Fatura uma bes}}\overset{F}{\text{teira}}$

$\underset{C}{\text{E tem as pernas}}\overset{Bb}{\underset{C}{\text{ tortas}}}$

$\overset{C7}{\text{E se chama Mané}}$

$\overset{C7}{\text{Arromba uma}}\overset{Bb}{\underset{C}{\text{ porta}}}$

$\overset{C7}{\text{Faz ligação direta}}$

$\overset{E7}{\text{Engata uma pri}}\overset{E7}{\text{meira}}$

$\overset{A5+}{\underset{A}{\text{E a}}\overset{Eb}{\text{té}}}$

$\overset{D}{\text{Dobra a carioca, o}}\overset{E7}{\text{lerê}}$

$\overset{A}{\text{Desce a Frei Ca}}\overset{D7}{\text{neca, olará}}$

$\overset{Eb7}{\text{Se manda prá Ti}}\overset{Ab7}{\text{juca}}$

$\overset{Db}{\text{Na contra}}\overset{G9-}{\text{mão}}$

$\overset{Cm7}{\text{Dança para-}}\overset{F7}{\text{lama}}$

$\overset{Bb}{\text{Já era para-choque}}$

$\overset{D7}{\text{Agora ele se chama}}$

$\overset{Bm7\ \ C\#^{\circ}}{\text{Emersão}}$

$\overset{Cm7}{\text{Sobe no Pas}}\overset{F7}{\text{seio, olerê}}$

$\overset{Bb}{\text{Pega no Re}}\overset{Eb}{\text{creio, olará}}$

$\overset{E7}{\text{Não se liga em}}\overset{A\ \ A7}{\text{ freio}}$

$\overset{D}{\text{Nem direção}}$

$\overset{C7}{\text{No sinal fe}}\overset{Gm}{\text{chado}}$

$\overset{C7}{\text{Ele transa chi}}\overset{F}{\text{clete}}$

$\underset{C}{\text{E se chama Pi}}\overset{Bb}{\underset{C}{\text{vete}}}$

$\overset{C7}{\text{E pinta na janela}}$

$\overset{C7}{\text{Capricha na flanela}}$

$\overset{C7}{\text{Descola uma bereta}}$

$\overset{C7}{\text{Batalha na sargeta}}$

$\overset{C7}{\text{E tem as pernas tortas}}$

(4 últimas frases ad-libitum)

Manias

Samba-Canção

Celso e Flávio Cavalcanti

TOM — FÁ MAIOR
F   C7   F

Introdução: F   Bb7M   Am7   D7   Gm7   Gm6   F   C9-

F7M Gm7 Am7 Abm7
 Dentre as manias que eu te—nho
       Bb
Gm7   C
 Uma é gostar de voce
F7M Gm7 Am7 Abm7
 Mania é coisa que a gen—te
      Bb
Gm7   C   C7
 Tem mas não sabe porque
Cm7   F9 F9-
 Mania de querer bem
Bb7M   Em9 A7
 Às vezes de falar mal
      F
Dm7   G G7
 Mania de não deitar
      Bb   9-
Gm7   C   C13
 Sem antes ler um jornal
F7M Gm7 Am7 Abm7
 De só entrar no chuvei—ro
      Bb
Gm7   C   C9-
 Cantando a mesma canção
F7M Gm7 Am7 Abm7
 De só pedir o cinzei—ro
      Bb
Gm7   C   C7
 Depois das cinzas no chão

Cm7   F9   F9-
 Eu tenho várias manias
Bb7M   Em9   A7
 Delas não faço segrêdo
      F
Dm7   C G7
 Quem pode ver tinta fresca
      Bb 9-
Gm7   C   C13
 Sem logo passar o dedo
F7M Gm7 Am7 Abm7
 De contar sempre aumenta—do
      Bb
Gm7   C   C9-
 Tudo o que disse ou que fêz
F7M Gm7 Am7 Abm7
 De guardar fósforo usa—do
      Bb
Gm7   C   C7
 Dentro da caixa outra vêz
Cm7   F9   F9-
 Mania é coisa que a gen—te
Bb7M   Eb7
 Tem mas não sabe porque
        5+
F7M Gm7 Am7 D9-
 Dentre as manias que eu te—nho
Gm7   C7 F Dm7 Gm9 C13
 Uma é gostar de você

Para terminar 2.ª Vêz:

        Eb   Db
Gm7   C7 F7M F Eb F7M
 Uma é gostar de você

Quem te viu, quem te vê

Samba

Chico Buarque de Hollanda

TOM — DÓ MENOR
Cm   G7   Cm

Introdução: Cm   Fm7   Dm5-   G5+   Cm7

    C9-   Fm7   G7   Cm
Você era a mais bonita das cabrochas dessa ala
Cm
  Bb   Fm7   Bb7   Eb
Você era a favorita onde eu era o mestre sala
  Cm7   A°   F#°   G7
Hoje a gente nem se fala mas a festa continua
  Dm4 G7   Ebm7   Ab7   Dm5-
Suas noites são de gala, nosso samba ainda é na rua.

Refrão:

           6
  G7   C9 F7M   Dm9   G9   Bm7
Hoje o samba saiu   lá iá lá iá   procurando você
E5+   Am Dm7 G13 Em7
Quem te viu quem te vê
       Dm
A7   F   Dm9 G13   Bb7
Quem não a conhece não pode mais ver prá crer
A7   Dm   G7   C
Quem jamais a esquece não pode reconhecer

    C9-   Fm7   G7   Cm
Quando o samba começava você era a mais brilhante
Cm
 B   Fm7   Bb7   Eb
E se a gente se cansava você só seguia adiante
  Cm7   A°   F#°   G7
Hoje a gente anda distante do calor do seu gingado
  Dm4 G7   Ebm7   Ab7   Dm5-
Você só dá chá dançante onde eu não sou convidado.

          G7
Refrão: Hoje o samba, etc.

    C9-   Fm7   G7   Cm
O meu samba se marcava na cadência dos seus passos
Cm
 B   Fm7   Bb7   Eb
O meu sono se embalava   no carinho dos seus braços
  Cm7   A°   F#°   G7
Hoje de teimoso eu passo bem em frente ao seu portão
  Dm4 G7   Ebm7   Ab7   Dm5-
Prá lembrar que sobra espaço no barraco e no cordão.

          G7
Refrão: Hoje o samba, etc.

    C9-   Fm7   G7   Cm
Todo ano eu lhe fazia   uma cabrocha de alta classe
Cm
 Bb   Fm7   Bb7   Eb
De dourado lhe vestia   prá que o povo admirasse
  Cm7   A°   F#°   G7
Eu não sei bem com certeza porque foi que um belo dia
  Dm4 G7   Ebm7   Ab7   Dm5-
Quem brincava de princesa acostumou na fantasia

          G7
Refrão: Hoje o samba, etc

    C9-   Fm7   G7   Cm
Hoje eu vou sambar na pista você vai de galeria
Cm
 Bb   Fm7   Bb7   Eb
Quero que você assista na mais fina companhia
  Cm   A°   F#°   G7
Se você sentir saudade por favor não dê na vista
  Dm4 G7   Ebm7   Ab7   Dm5-
Bate palmas com vontade, faz de conta que é turista

          G7
Refrão: Hoje o samba, etc.

Samba do Arnesto

Samba

Adoniran Barbosa e Alocin

TOM — FÁ MAIOR
F   C7   F

Introdução: F D7 Gm C7 F Dm7 Gm7 C7 F Bb/C

Bis
{
    F   C7
O "Arnesto" nos convidou
        F   C7   F
Pra um samba e ele mora no Braz
    F
    C   F7M   D7   Gm Am7
Nois fumos mas não encontremos ninguém
D7   Gm Gm7 C7   F
Nois vortemos com uma baita d'uma raiva
D7   G7
Da outra vez
C7   F Gm C7
Nois num vai mais.
}

            Gm7 C7   F
No ôtro dia encontremos com o "Arnesto"
           Gm7
Que pediu descurpas
        C7   Am
Mais nois num aceitemos
D7   Gm   Gm7
Isso num se faiz "Arnesto"
C7   F7M
Nois num si importa
Dm7   C7
Mais você devia ter ponhado
        F
Um recado na porta

Break - falado:

    Assim: óia turma, não dou pra esperá.
    Aduvido que isso não faz mar.
    Não tem importância - é, mas nois se arretô.

Que pena

Samba

Jorge Ben

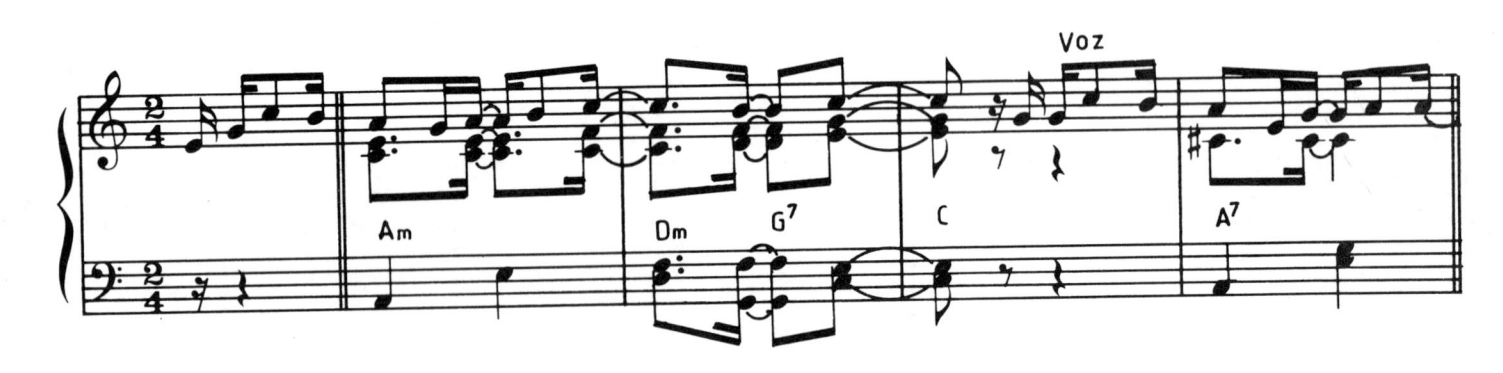

187

ao
e
C7M
Em9
C7M
Em7
Dm7
F/G
C7M
A5+
A9 5+
Dm7
F/G
Em
Eb7
Dm7
G7
C7M
Am7
Dm7
G7
C7M
A7
Dm
G7
Em7
Am7
Dm6
B7
E7M
G13
C7M

TOM — DÓ MAIOR
C   G7   C

Introdução: Am   Dm   G7   C

I

      A7   Dm7 G7   C7M
Ela já não gosta mais de mim
       A7   Dm   G13
Mas eu gosto dela mesmo assim
  C7M Am7   Dm   G7   C7M
Que pena   que pena
      Am7   Dm7   G7
Ela já não é mais a minha pequena
  C7M Am7   Dm7   G7
Que pena   que pena
               Dm7
C7M Em7 Dm7   G G7   C7M Am7 Dm7
Pois   não é fácil recuperar
    F
  G   G7   Em7 Ebm7 Dm7
Um grande amor   perdido
 G7   C
Pois ela era uma rosa
 C
 E C   Dm7
Ela era uma rosa
     G7   C7M
E as outras eram mangericão
 Em7   Dm7
As outras eram mangericão
 G7   C7M
Ela era uma rosa
 A7   Dm7
Ela era uma rosa
      G7   Em7 G13
Que mandava no meu coração
 Dm G7 F m5- B7 E7M G13   C7M
Coração   coração

II

      A7   Dm7 G7   C7M
Ela já não gosta mais de mim
       A7   Dm   G13
Mas eu gosto dela mesmo assim
  C7M Am7   Dm   G7   C7M
Que pena   que pena
      Am7   Dm7   G7
Ela já não é mais a minha pequena
  C7M Am7   Dm7   G7
Que pena   que pena
                   F   9-
Dm7 C7M Em7   G   C7M   A7 A5+ Dm
Mas   eu não vou chorar
 F
 G   Em Ebm7 Dm
Eu vou é cantar
   G7   C7M
Pois a vida continua
  Am7   Dm7
Pois a vida continua
                   G7   C7M
E eu não vou ficar sozinho no meio da rua
 A7   Dm
No meio da rua
             G7   Em7
Esperando que alguém me dê a mão
Am7   Dm B7 E7M G13 C7M
    Me dê a mão   a mão
C7M   Em9   Dm7 G7   C7M
    Ela já não gosta mais de mim
       A7   Dm   G13
Mas eu gosto dela mesmo assim
  C7M Am7   Dm   G7   C7M
Que pena   que pena
       Am7   Dm7   G7
Ela já não é mais a minha pequena
  C7M Am7   Dm7 G7   C7M Am7 Dm7
Que pena,   que pena

(ad-libitum)

Primavera

Bossa

Carlos Lyra e
Vinicius de Moraes

Moderato

Bm5- E7 Am7 D7 Fm6 G7
C E♭o Dm7 G7 Em7
E♭o Dm7 G13 Gm C13 C9
F7M F E9- Am7 D7 Fm
G7 C F♯o Dm7 G7 G13
Gm7 C7 D/F♯ Fm6 C

TOM — DÓ MAIOR

Introdução: C　G7　C
　　　　　　　　　　　G
　　　　　　　D9　G7　F　Em7　F7M

　　　　C　Ebº　Dm7　G7
O meu amor sózi — nho
　　　　　　　　Db7M
　　Em7　　　　E　　　Dm9
É assim como um jardim sem flor
　　　　　Cm
G7　　Em5-　Eb　　　　Dm　Bm5-
Só queria ir　dizer a e — la
E7　　　Am7　　D7　Fm6　G7
Como é triste se sentir sauda — de
　　C　Ebº　Dm7　G7
É que eu gosto tanto de — la
　　　　Em7　　Ebº　Dm7
Que é capaz dela gostar de mim
G13　　　Gm　　　　C7
E acontece que eu estou
　　　　F7M
Mais longe dela
E9-　　　Am7　　D7　　Fm　G7
Que da estrela a reluzir na t a r d e
　C　　　F#º　Dm7　G7
Estrela, eu lhe diri — a
G13　　　Gm7
Desce à terra
　　　　　　D
C7　F#　Fm6
O amor existe
　　　　C
E a poesia
Fm　　　Em7
Só espera ver
　　　　　G
Dm7　F　Em7　F7M
Nascer a primavera
　　D7　G7　Ab7M　Fm9
Para não morrer

　　　C　Ebº　Dm7　G7
Não hà amor sózi — nho
　　　　　　　Db7M
　Em7　　　　Eb　　Dm7
É juntinho que ele f i c a bom
　　　　　　　Cm
　　Em5-　Eb
E eu queria é dar-lhe
　　　　　Dm　Bm5-
Todo o meu cari — nho
E7　　　Am7　　D7　Fm6　G7
Eu queria ter f e l i c i d a — de
　　C　Ebº　Dm7　G7
É que o meu amor é tan — to
　　　Em7　　　Ebº　　Dm7
É um encanto que não tem mais fim
G13　　　Gm
E no entanto
　　　　C13　C9　F7M
Ele nem sabe que isso existe
E9-　　　Am7　　D7　　FmG7
É tão triste se sentir saudade
　　C　　　F#º　Dm7　G7
Amor, eu lhe direi
　　　　　　　　　　D
G13　　Gm7　　　C7　F#
Amor que eu tanto procurei
Fm6　　　　C
Ai, quem me dera
Fm　　　Em7
Eu pudesse ser
　　　　G
Dm7　F　Em7　F7M
A tua primave — ra
　D7　G7　Ab7M　Fm9
E depois morrer

　　　　　　　　　　9
Orq. Eb7M　Db7M　C13
　　　　　　　　　　7M

O amor em paz

Bossa Nova

Antonio Carlos Jobim
e Vinicius de Moraes

Bb5+ Eb7M Em5- A7
D7 Gm C9- 5+ F7M
D9- Gm7 Gm9 Bm5- E7 Am Dm9
Fm7 Bb5+ Eb7M Eb6 9 Em5-
A7 D7 G7 G5+ C7 F7
Bb7M Bb6 9 Bb7M Bm5- E7 A7 Dm

TOM — RÉ MENOR
Dm   A7   Dm

Introdução: *Gm Gm9 Bm7 E7 Am5- D7 Gm7 Gm5- C7 F7M D9-$^{5+}$*

    Gm9 C5+ F7M Am5-
    Eu   amei
D9- Gm7   Gm9
E amei, ai de mim,
        Bm5-   E7   Am7
Muito mais do que devia amar
Fm7 Bb5+   Eb7M
E   chorei
     Em5-   *A7*   *D7*
Ao sentir   que eu iria sofrer e me desesperar
        $^{9-}$
Gm C5+   F7M D9-   Gm7   Gm9 Bm5-
Foi   assim   que da minha infinita tristeza
E7   Am   Dm9
Aconteceu você
          6
Fm7 Bb5+ Eb7M Eb9   Em5-
En—contrei   em você
   Em5-   A7
A razão de viver
  D7
E de amar em paz
G7   G5+   C7
E não sofrer mais
      6
F7   Bb7M Bb9
Nunca mais
Bb7M   Bm5- E7   A7
Pois o amor é a coisa mais triste
        Dm   D9-
Quando se desfaz

Para terminar:

      Dm   *Dm Dm9 Bb7 A7 Dm G Dm9*
Quando se desfaz

Paz do meu amor

Prelúdio nº 2

Letra e Música
de Luiz Vieira

TOM — DÓ MAIOR
C   G7   C
          Gm   G C F D
Introdução: C Bb A7 Dm G7 F Bb A C D7 G7

          C
      Você é isso
  E7   Am
  Uma beleza imensa
     Dm
  Toda a recompensa
        G7   C C7
  De um amor sem fim,
        F
  Você é isso
  A
  C   Dm
  Uma nuvem calma
            Am7
  No céu de minh'alma
         F
D7   G G7
  É ternura em mim,

        Dm
Você é isso
 A7   Dm G F
Estrela matutina
          Em7
Luz que descortina
 Em5-   A7
Um mundo encantador,
      Dm
Você é isso
G7   C
Parto de ternura
Am   F
Lágrima que é pura
G7   C Dm9 G
Paz do meu amor!
                          F Fm F
               G7   C C C C
Para terminar: Paz do meu amor

O Tic-Tac do meu coração

Samba

Alcyr Pires Vermelho
e Walfrido Silva

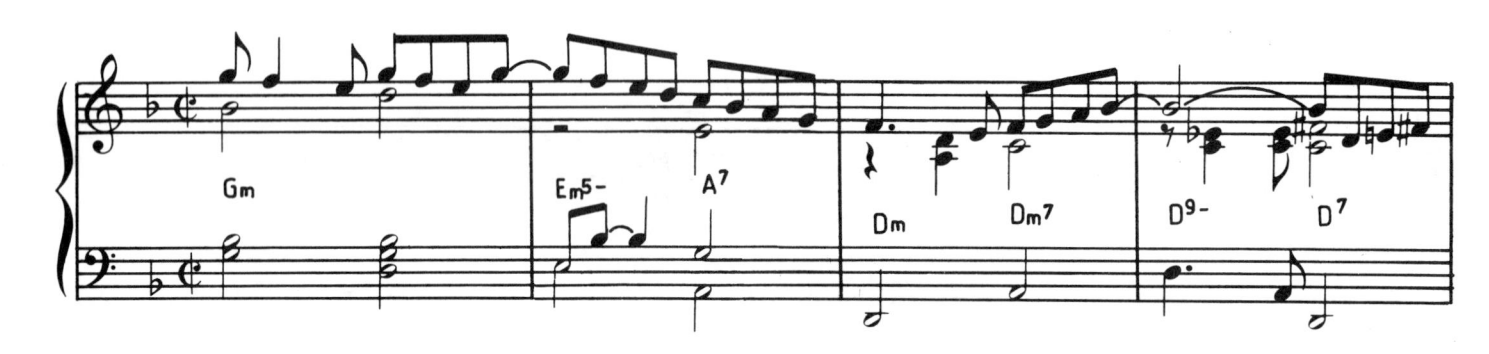

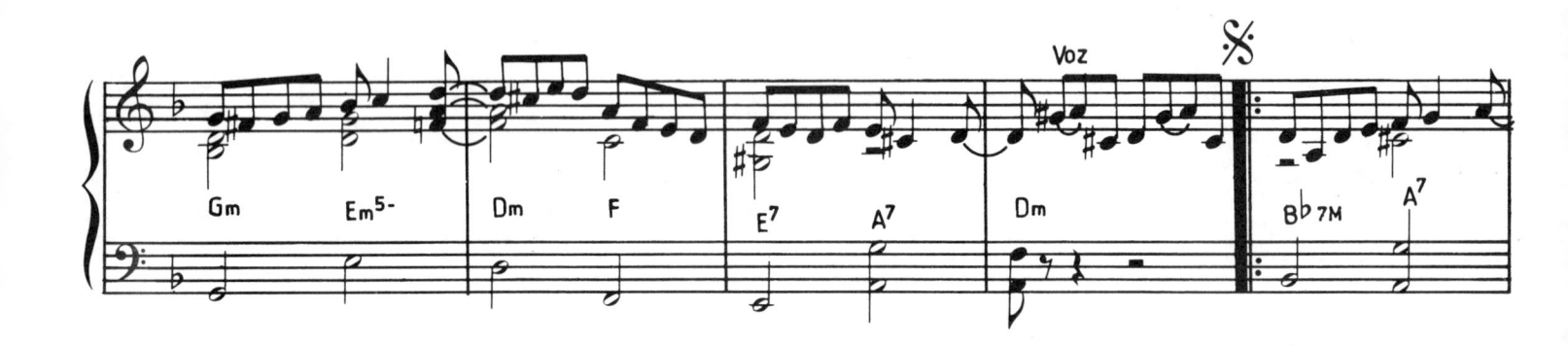

© Copyright 1933 by Irmãos Vitale, Rio de Janeiro, Brazil
© Copyright assigned 1937 to Southern Music Publishing Co. Inc.
© Copyright assigned 1940 to PEER INTERNATIONAL CORPORATION
International Copyright Secured Printed in U.S.A.
All Rights Reserved Including the Right of Public Performance for Profit

TOM — RÉ MENOR
Dm   A7   Dm

Introdução: *Gm Em5- A7 Dm Dm7 D9- D7 Gm Em5- Dm F E7 A7 Dm*

      Bb7M *A7 Dm*
O "tic tac", o "tic tac" do meu coração
    D7   *Gm*
Marca o compasso do meu grande amor
Gm *Em5-* *Dm*
Na alegria fica muito forte
  Dm7 *E7*   *A7*
E na tristeza fica fraco porque sente dor
      Bb7M *A7 Dm*
O "tic tac", o "tic tac" do meu coração
    D7   *Gm*
Marca o compasso de um atróz viver,
Gm7 *Em5-* *Gm*
É um relógio de uma existência
  Dm7   *Bb7* *A7 Dm*
Pouco a pouco vai morrendo de tanto sofrer.

   C7   *F*
Meu coração já bate diferente
  Em5- *A7 D7*
Dando o sinal do fim da mocidade
   Gm *A7* *Dm*
O seu pulsar é um soluçar constante
Dm
 C   *Bm5-* *E7 A7*
De quem muito amou na vida com sinceridade.
   C7   *F*
Às vêzes eu penso que o "tic tac"
  Em5- *A7 D7*
É um aviso do meu coração
   Gm *A7* *Dm*
Que já cansado de tanto bater
      Em *E7* *A7 Dm*
Não quer que eu tenha nesta vida mais desilusão!

Nem eu

Samba-Canção

Dorival Caymmi

TOM — Sib MAIOR
Bb   F7   Bb

Introdução: Eb7M Dm7 Gm7 Cm7 F7 Bb G9- Fm7 Bb7

        Eb   Em5-
Não fazes favor nenhum
    A7   Dm7
Em gostar de alguém
  G7   Cm7   F13   Bb7M Fm7
Nem eu, nem eu, nem eu,
Bb7   Eb   Em5-
Quem inventou o amor
    A7   Dm7   G7
Não fui eu, não fui eu,
   G13   Cm   F7
Não fui eu, não fui eu,
      Bb   Fm9
Nem ninguém

                         F
Bb7   Eb7M   Eb   Dm7
O amor acontece na vida
    Gm7   Cm7
Estavas desprevinida
    F7   Bb7M Fm9
E por acaso eu também
                        F
Bb7M Eb7M   Eb   Dm7
E como o acaso é importante, querida
    Gm7   C7
De nossas vidas a vida
               Cm
          C9   F   Fm9 Bb7
Fez um brinquedo também

Pedacinhos do céu

Choro

Waldir Azevedo

G G5+ G6 G F7 E7 Am
Cm6 D7 Dm G7
C Cm G E♭7 D7 G Cm
G Em B7 Em E7 Am F♯m7 B7
Em F♯7 B7 E7

G#o
Am
F#7
B7
Em
B7
Em
E7
Am
B7
Em
F#7
B7
Bm5-
E7
Am7
F#m5-
B7
Em
B7
Em
Am
D7
Do
𝄋
ao
⊕
⊕
Gm
Cm
A
G

Na Baixa do Sapateiro

Samba-Jongo

Ary Barroso

C6
Gm6
G
Dm7
G7
C6
Em7
Am7
Dm7
A9- 5+
Dm7
F/G
G7
C7M
C7M
C6
B7
F#m5-
B7
E7M
G7
Ab7M
Fm7
Fm9
C6/9
B7
Em7
A7
F7M
Dm7

TOM — DÓ MAIOR
C G7 C

Introdução: Gm C7 Gm C7 Gm C7 Gm C7

      Gm C7 Gm C7   Gm7   C7 Gm
      Oi   o amô ai ai
  C7   Gm7   C9   C7 Gm7
  Amô bobagem que a gente não explica, ai, ai
     C7   C9   F7M
     Prova um bocadinho, oi
    F   Bb7   Fm7
    Fica envenenado, oi
Bb7   Bb9   Am7
E pro resto da vida
           Em5-
É um tal de sofrê
 A7   Dm7   G13
 O la - rá, ole - rê
 Gm C7 Gm C7   Gm   C7
 Oi   Bahia, ai, ai
    Gm   C9   C7   Gm
   Bahia que não me sai do pensamento ai, ai
   C7   C9   F7M
   Faço o meu lamento; oi
   F   Bb7   Fm7
   Na desesperança, oi
Bb7   Bb9   Am7
De encontra pr'esse mundo
         Em5- A7   Dm7
O amô que eu perdi   na Bahia
        G7M   C Am7 D7 G7
        Vou contá:

    C6   Gm6
Na baixa do sapateiro
    G   Dm7
Encontrei um dia   9-
 G7 C6   Em7 Am7   Dm7 A5+
O moreno mais frajola   da Bahia
                F
Dm7   G
   Pediu-me um beijo
   Não dei...
 G7   C7M
 Um abraço,
 Sorri...
    C6   B7
 Pediu-me a mão
           F#m5-
 Não quis dar
 B7   E7M
 F u g í...   6
 G7   Ab7M Fm7 Fm9 C9   B7   Em7
 Bahia,   terra da felicidade
 A7   F7M Dm7
 Moreno...   9
         G7   Bb7
 Eu ando louca de saudade
 A7   Dm Dm7
 Meu Sinhô do Bomfim F
 Fm   Em7 Am7 G
 Arranje um moreno igualzinho
    Gm C7   Gm   C7
 Prá mim.

Noite cheia de estrelas

Cândido das Neves
(Índio)

TOM — MI MENOR

Em B7 Em
                       F#7
Introdução: Am F#m5- Em C# B7 Em

          B7   Em   F#m5- B7 Em   F#m5- B7   Em
Noite alta, céu risonho   a quietude é quase um sonho
Em   Em7   F7   E7   Am
O luar cai sobre a mata qual uma chuva de prata de raríssimo esplendor.
                    F#m5- B7   Em
Só tu dormes, não escutas o seu cantor
   Am7   F#m5-   B7   Em
Revelando a lua airosa a história dolorosa desse amor.
Em   B7   Em   E7   G#° Am
Lua... manda a tua luz prateada despertar a minha amada.
Am   Am7   C7 B7 C7M Am   F#m5- B7
Quero matar meus desejos, s u f o c á-l a com os meus b e i j o s.
Em   B7   Em   E7   G#° Am7
Canto, e a mulher que eu amo tanto não me escuta, está dormindo.
Am6   F#m5-   B7   Em
Canto e por fim nem a lua tem pena de mim
C7M   F#m5-   B7   Em7
Pois ao ver que quem te chama sou eu, entre a neblina se escondeu.
B7   B7   Em F#m5- B7 Em   F#m5- B7 Em
Lá no alto a lua esquiva está no c é u tão pensativa
Em   Em   F7   E7   Am
As estrelas tão serenas qual dilúvio de falenas, andam tontas ao luar.
Am   F#m5-B7   Em
Todo o astral ficou silente para escutar
Em   Am7   F#m5-   B7   Em
O teu nome entre as endechas, as dolorosas queixas, ao luar.

Não tenho lágrimas

Samba

Max Bulhões
e Milton de Oliveira

TOM — DÓ MAIOR
C   G7   C

Introdução: F   Dm7   G   G13   C7M   Em7   A7   Dm7   G7   C9   G9
            (F)   (9)   (6)

          C
Quero chorar
 F   C7M
Não tenho lágrimas
F7M   C
Que me rolem nas faces
 Am7   Dm7
Pra me socorrer
G7   E7
Se eu chorasse
  E7   E4 Am
Talvez desabafasse
  D7   G7M
O que sinto no peito
Em9 Am7 D7   G
E não p o s s o dizer
            Dm
Só porque não sei chorar
      G7   C C7M
eu vivo triste a sofrer.

      F#m7 F7M   G7
Estou c e r t o que o riso
    C   Am7
Não tem nenhum valor
 F7M   E7
A lágrima sentida
              Am
É o retrato de uma dor
 Am
  G   F#°
O destino assim quis
         (6)
F7M   C9
De mim te separar
A7   Dm
Eu quero chorar não posso
         (9)
Dm7 G7 C C7M G13
Vivo a implorar

Meu mundo caiu

Samba-Canção

Letra e Música
de Maysa Matarazzo

© Copyright 1958 by Editora Nossa Terra Ltda. - Av. Ipiranga, 1.123 - S. Paulo - Brasil
Todos os direitos autorais reservados - All rights reserved. (Fermata)

TOM — MI MENOR
Em   B7   Em

Introdução: *B7   Em   Em9   C9   B7   Em   Am7   B7*

     B7   Em
Meu mundo caiu
        D7   G7M
E me fez ficar assim
C7M   F#m5-
Você conseguiu
    B7   E7
E agora diz que tem pena de mim
              Bm7
Não sei se me explico bem
E7   Am
Eu nada pedi
    Am
  G   D7
Nem a você nem a ninguém
      G7M
Não fui eu que cai
F#m7   B7   Em
Sei que você me entendeu
   D7   G G7M
Sei também que não vai se importar
Am   B7   Em
Se meu mundo caiu
  B7   F#m5-   Em Em9 Em7M
Eu que aprenda a levantar

Eu disse adeus

Roberto Carlos
e Erasmo Carlos

215

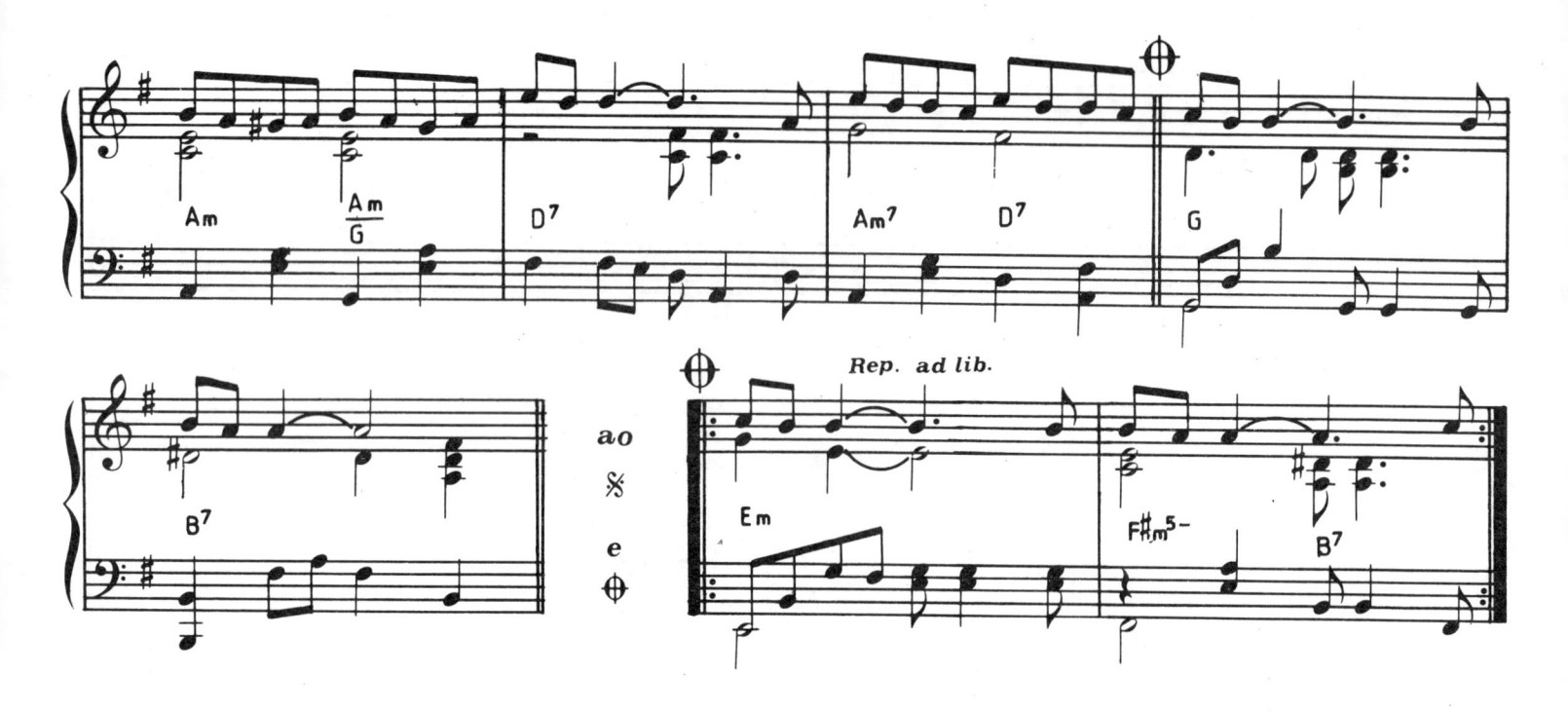

TOM — MI MENOR
Em B7 Em

Introdução: *Em7 E7 Am D7 G B7*

      Em
Eu disse adeus
                                Am
Nem mesmo eu acreditei, mas disse adeus
                      D7
e vi cair no chão todos os sonhos meus
  Am7   D7   G C7M
E disse adeus as ilusões também
   F#m5-   B7
E aos sonhos meus
  Em
Eu disse adeus
                          Am
E vi o mundo inteiro desabar em mim
               D7
Queria ser feliz e acabei assim
  Am7   D7   G
Me condenando a ter recordações
  B7   Am D7 G Em Am C7M F#m5- B7 E7
Recordações

Am   D7
Vai ser tão triste olhar sozinho
  Am7   B7   Em E7
Tudo, tudo que era de nós dois
Am7   D7   Am   B7
Mas foi melhor dizer adeus naquela hora
  Am   F#m5- B7
Prá não sofrer depois
  Em
Eu disse adeus
                                Am
Nem mesmo assim eu acreditei mas disse adeus
    Am
    C   D7
Pisei as ilusões e até os sonhos meus
  Am7   D7   G
Pisei o pranto e mesmo assim eu disse adeus
  B7
Eu disse adeus,
  Em   F#m5- B7
Eu disse adeus, eu disse adeus

Louvação

Baião

Gilberto Gil
e Torquato Neto

C Gm C7 F D7 B7 Em D7
G C7 F B♭7 C A7 D7 G7 C F B♭7
C A7 D7 G7 C Gm7 C7 F
Am D7 G B♭m7 E♭7 A♭ A♭m7 D♭7
G♭ F♯m B7 E7 G C7 F D7
G
ao
e
A7 D7 G F D7 G
Rep ad lib.

TOM — SOL MAIOR
G   D7   G

Introdução: G *(4 compassos de Ritmo)*

       G   D7 G   F   G
Vou fazer a louvação, louvação, louvação
   G   C   D   C   D7
Do que deve ser louvado, ser louvado, ser louvado,
  C   G   F   G
Meu povo preste atenção, atenção, atenção,
          G   C   D7
E me escuta com cuidado:

        C   B7   Em
Louvando o que bem merece
          A7   Em
Deixo o que é ruim de lado
     A7   D7   G
Louvando o que bem merece
          A7   Em A7 Dm7 G7 C
Deixo o que é ruim de lado

  G   C
E louvo prá começar
      Gm   C7   F
Da vida o que é bem maior
       D7   B7 Em
Louvo a esperança da gente
 D7   G   C7
Na vida prá ser mellhor

Bis {
     F   Bb7   C
Quem espera sempre alcança
 A7   D7   G7   C
Três vêzes salve a esperança
}

Gm   C7   F
Louvo quem espera sabendo
Am   D7   G
Que prá mellhor esperar
Bbm7   Eb7   Ab
Procede bem quem não para
Abm7   Db7   Gb
De sempre mais trabalhar
F#m   B7   E7
Que só espera sentado
G   C7   F
Quem se acha conformado

     G   D7 G   F   G
Tô fazendo a louvação, louvação, louvação,
   G   C   D   C   D7
Do que deve ser louvado, ser louvado, ser louvado,
        C   G   F   G
Quem estiver me escutando, atenção, atenção
  G   C   D7
Que me escute com cuidado.

     A7   B7   Em
Louvando o que bem merece
          A7   Em
Deixo o que é ruim de lado
     A7   D7   G
Louvando o que bem merece
          A7   Em A7 Dm7 G7 C
Deixo o que é ruim de lado

    G   C
Louvo agora e louvo sempre
     Gm   C7   F
Porque grande sempre é
    D7   B7 Em
Louvo a força do homem
  D7   G C7
A beleza da mulher

     F   Bb7   C
Louvo a paz prá haver na terra
A7   D7   G7   C
Louvo amor que espanta a guerra

Gm7   C7   F
Louvo a amizade do amigo
Am   D7   G
Que comigo há de morrer
Bbm7   Eb7   Ab
Louvo a vida merecida
Abm7   Db7   Gb
De quem morre prá viver
F m   B7   E7
Louvo a luta repetida
G   C7   F
Da vida prá não morrer

     G   D7 G   F   G
Tô fazendo a louvação, louvação, louvação
   G   C   D   C   D7
Do que deve ser louvado, ser louvado, ser louvado
        C   G   F   G
Quem estiver me escutando, atenção, atenção,
  G   C   D7
Falo de peito lavado

     A7   B7   Em
Louvando o que bem merece
          A7   Em
Deixa o que é ruim de lado
     A7   D7   G
Louvando o que bem merece
          A7   Em A7 Dm7 G7 C
Deixa o que é ruim de lado

    G   C
Louvo a casa onde se mora
     Gm   C7   F
E junto da companheira
    D7   B7 Em
Louvo o jardim que se planta
    D7   G   C7
Prá ver crescer a roseira

Bis {
     F   Bb7   C
Louvo a canção que se canta
A7   D7   G7   C
Prá chamar a primavera
}

Gm   C7   F
Louvo quem canta e não canta
Am   D7   G
Porque não sabe cantar
Bbm7   Eb7   Ab
Mas que cantará na certa
Abm7   Db7   Gb
Quando enfim se apresentar
F#m B7   E7
O dia certo é preciso
G   C7   F
De toda a gente cantar

      G   D7 G   F   G
E assim fiz a louvação, louvação, louvação
   G   C   D   C   D7
Do que vi prá ser louvado, ser louvado, ser louvado,
  C   G   F   G
Se me ouviram com atenção, atenção, atenção,
  G   C   D7
Saberão se estive errado

      C   B7   Em
Louvando o que bem merece
           A7   Em
Deixando o que é ruim de lado
     A7   D7   G
Louvando o que bem merece
     A7   D7   G   F D7 G
Deixando o ruim de lado.

General da Banda

Batucada

Satyro de Melo, Tancredo Silva e José Alcides

TOM — RÉ MAIOR
D   A7   D

Introdução: G   G#°   D7M   B7   Em   A7   D   A

Bis {
          D   G7M   D   Bm7
          Chegou o general da banda ê! ê!
                               G
          Em   A   A7 D
          Chegou o general da banda ê! á!
A13   D   G7M   D7M Bm7
          Chegou o general da banda ê! ê!
                               G
          Em   A   A7 D
          chegou o general da banda ê! á!
}

Bis {
A13   B7   Em7
Mourão! Mourão!
          G
    A   D
Vara madura que não cai
  F#m7   Em7
Mourão! Mourão!
             A7
Oi, catuca por baixo
        D
Que ela vai (ôba)
}

Favela

Samba-Canção

Roberto Martins
e Waldemar Silva

TOM — MI MENOR
Em   B7   Em

Introdução: *Am7 F#m5- B7 Em C7M C9 B7 Em*

Bis
{
          C7   C9 B7   Em
Favela, oi   Favela
         Am   F#m5-   Em
Favela que trago no meu   coração
E9-   Am7   F#m5-   B7
Ao recordar com saudade
        Em   Em9 C7M
A minha felicidade
    F#m5-   B7
Favela   dos sonhos de amor
                      Em   Am7 Em9
E do samba-canção.
B7   C9
Hoje tão longe de ti
B7 Em   Am7   Em7
Se vejo a lua surgir
F#m5-   B7
Eu   relembro a batucada
             Bm5-
E começo a chorar
E7   Am   F#m5-
Favela das noites de samba
B7 Em   C7M
Berço dourado dos bambas
    C7   F#m- B7   Em Am9 Em
Favela, és tudo o que eu posso falar
}

B7   C9
Minha favela querida
B7 Em   Am7   Em7
Onde eu senti   minha vida
F#5-   B7
Presa a um romance de amor
                  Bm5-
Numa doce ilusão
E7 Em   F#m5-
Em uma saudade bem rara
B7 Em   C7M
Na distância que nos separa
   C7   F#m5- B7   Em Am9 Em
Eu guardo de ti esta recordação

Eu e a brisa

Johnny Alf

TOM — FÁ MAIOR
F   C7   F
                Bbm
Introdução: F7M F

        F   Bbm   Bbm7 F
Ah! se a juventude que esta brisa canta
        Eb
      F   Bb7M
Ficasse aqui comigo mais um pouco   F
     Dm7   G7   C7M   G
Eu poderia   esquecer a dor de ser tão só
Bb7M   Am7
Prá ser um sonho
     Bbm   Bbm7   F7M
E aí então   quem sabe alguém chegasse
                 Eb
     Cm7   F   Bb7M
Buscando um sonho em forma de desejo
            G
   Dm   B   C7M C7M F11+ Em7 Am9
Felicidade então prá nós seria
F7M   Bm5-   E9-   Am7
E depois que a tarde nos trouxesse a lua
          F#m5-   B7 Em
Se o amor chegasse eu não resistiria
      C#m5- F#7   Bm7   Gm7 C9-
E a madrugada acalentaria   nossa paz

F7M   Bbm
Fica oh! brisa fica
                F7M
Pois talvez quem sabe
    Cm7   F5+   Bb7M
O inesperado faça uma surpresa
        Dm7   G7   C7M
E traga alguém que queira te escutar
          Bb7M   F7M
E junto a mim queira ficar
F   Bb
Eb C   F7M
Queira ficar
F   Bb
Eb C   A7M
Queira ficar.

Estrela do Mar

(Um pequenino grão de areia)

Marcha-Rancho

Marino Pinto e
Paulo Soledade

TOM — DÓ MENOR
Cm   G7   Cm

Introdução: Fm Dm5- G7 Cm7 Cm Dm5- G7 Cm Dm5- G7

```
   Cm                    Dm5-  G7
      Um pequenino grão de arei — a
   Cm                    Gm  Gm7  Ab
      Que era um pobre sonhador
                         Fm    Fm7
      Olhando o céu viu uma estrela
   Bb7              Eb         Dm5- G7  Cm
      E imaginou coisas de amôr  ô   ô   ô.
              Cm7           Dm5-G7 Cm
      Passaram anos, muitos    anos
                       Gm  Gm7  Ab
      Ela no céu, ele no mar
                         Fm    Fm7
      Dizem que nunca o pobrezinho
   G7         G9-      Cm
      Poude com ela encontrar.
```

```
   Fm
   Se houve ou se não houve
      Cm
   Alguma coisa entre eles dois
      Fm7          Bb7        Eb
   Ninguém soube até hoje explicar
      Dm5-         G7
   O que há de verdade
                          Cm
         Cm          Bb
   É que depois, muito depois
      D7       G7      Cm  Fm6  Cm
   Apareceu a estrela do mar.
```

É com esse que eu vou

Samba

Pedro Caetano

TOM — SOL MAIOR
G   D7   G

Introdução: *G Am D7 G*

              G
    É com esse que eu vou
    Sambar até cair no chão
G   *Em7*   *Am*
    É com esse que eu vou
             E7 Am Am7
    Desabafar com a multidão
              C
Am7   *D*
    Se ninguém se animar
        D7   *G G7M*
    Eu vou quebrar meu tamborim
Em7   *Am7*
    Mas se a turma gostar
          C
    D7 *G* *D*
    Vai ser pra mim
          G
  2.ª vez: pra mim

    D7
Quero ver
               G
No ronca-ronca da cuíca
    Em7   *Am*
Gente pobre, gente rica
    D7   *G7M*
Deputado e senador
G7   *C*
Oi quebra quebra
    D7   *Bm7*
Quero ver cabrocha boa
    E9-   *Am7*
No piano da patroa
    D7   *G*
Batucando: É com esse que eu vou!...

Com açúcar, com afeto

Samba-Bossa

Chico Buarque de Hollanda

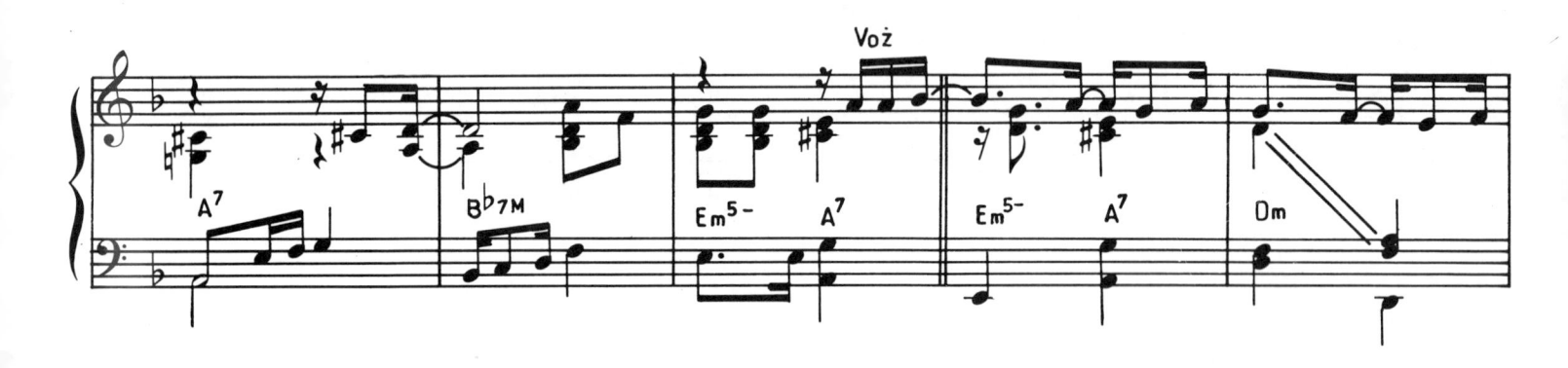

231

solo
D A B7 E7 A7
Voz
D7M G/A A13 D D7M D A Am B7
Em7 Em9 A7 D D7
Am7 B7 E7 C7 F
ao 𝄋 e ⊕
Em7 C7 F7M C9- F Em5- A7

TOM — RÉ MENOR
Dm   A7   Dm

Introdução: Gm7 C13 F7M Bb7M E7 A7 Bb7M Em5- A7

     Em5- A7   Dm
Com açú — car com afeto
    A7   Dm
Fiz seu doce predileto
    F°   A7
Prá você parar em casa
Em5- A7 Bb7M
Qual   o quê
    Gm   Dm
Com seu terno mais bonito
  Bb7M   Bm5-
Você sai não acredito
              Gm
  E7   Bb C13
Quando diz que não se atrasa
F7M G°   F
Você diz que é operário
   Em5- A7   Dm
Sai em bus—ca do salário
  Bb7M   A7
Pra poder me sustentar
Em7 A7 Bb7M
Qual   o que
   Gm7 Gm6 Dm
No caminho da oficina
   Dm7   B°
Existe um bar em cada esquina
  E7   Em9
Prá você comemorar
A7   D7M
Sei lá o que
    G
  A   A7   D
Sei que alguém vai sentar junto
  D7   Am
Você vai puxar assunto
  B7   E7
Discutindo futebol
A7 Em7 F°   F#m7
E ficar olhando as saias
   D   A7
De quem vive pelas praias
 B7   E7 A7
Coloridas pelo sol

         G
D7M A A13   D
Vem a noite mais um copo
D7M D   A
Sei que alegre ma non troppo
Am B7   Em7Em9 A7
Você vai querer cantar
              D
Na caixinha um novo amigo
   D7   Am7
Vai bater um samba antigo
  B7   E7 C7
Prá você rememorar
F   G°   F
Quando a noite enfim lhe cansa
  Em5- A7 Dm
Você vem feito criança
   Bb7   A7
Prá chorar o meu perdão
Em7 A7 Bb7M
Qual   o que
   Gm7 Gm6 Dm
Diz prá eu não ficar sentida
  Dm7   B°
Diz que vai mudar de vida
  E7   Em7 C7
Prá agradar meu coração
F7M C9-   F
E ao lhe ver assim cansado
  Em5- A7 Dm
Maltrapilho e maltratado
  Bb7   A7
Ainda quis me aborrecer
A7   D7
Qual o que
            Gm7
Logo vou esquentar seu prato
  E7   A7
Dou um beijo em seu retrato
        Bb7M Gm7 Dm
Abro os meus braços pra você

Opinião

Samba

Zé Keti

Dm7
Gm
B♭
A7
Dm
Cm7
F7
B♭
A7
Dm
Cm7
G
B
B♭7M
A5+
B♭7M
A7
Dm
C7
Dm
Dm7
Am7
Dm
Am5-
D7
G7
Gm7
C7

TOM — RÉ MENOR
Dm   A7   Dm

Introdução: A7   Dm   D7   Gm7   C   Bb   F7M   Bb7M   E7   A7   Em9

A5+   Dm7
Podem me prender
C7   F   A7
Podem me bater
Dm   Dm7   Gm7   Em5- Dm
Podem até   deixar-me sem comer
Dm7   Gm7   G7   Dm
Que eu não mudo de opinião
Dm7   Em5-   A9   Dm
Daqui do morro eu não saio não
Dm7   Gm
     Bb   A7   Dm
Daqui do morro eu não saio não

Cm7   F7   Bb
Se não tem água
A7   Dm
Eu furo um poço
Cm7   G
         B
Se não tem carne
Bb7M   A5+   Bb7M
Eu compro um osso e ponho na sopa
     A7   Dm C7   Dm Am7   Dm
E deixa andar, deixa andar, deixa andar

Am5-   D7
Fale de mim
         G7
Quem quiser falar
   Gm7   C7   F7M Em5
Aqui eu não pago aluguel
A7 Dm   Dm7   Gm7   Fm9
Se eu morrer   amanhã seu doutor
Em5-   A7   Dm Gm9 A5+ (repetir ad lib. Dm9 Dm9)
Estou pertinho do céu

Morena Flor

Samba

Toquinho e
Vinicius de Moraes

F
E7
Am
Em5-
A7
Dm7
Dm/C
Bb
B0
F/C
D7
G7
Gm7
C7
solo
voz
F
E7
E9-
Am
D7
G7
Gm7
C13
C7
ao 𝄋 sem rep. e
G7
Gm
Gm7
C5+ 9-
F7M

TOM — FÁ MAIOR
F   C7   F

Introdução: F F7M G7 $\overset{Bb}{C}$ F Bb7M C13

I

Bis {

            C
    F7M Bb Am7
    More — na flor

    D7   G7
    Me dê um cheirinho

    C7   F7M Gm7
    Cheinho de amor

           C
C13 F7M Bb Am7
    Depois também

    Dm7   G7
    Me dê todo esse denguinho

    C7   F   C13
    Que só você tem

         C7   F Gm7 C7
2ª vez: Que só você tem

II

F   E7   Am
Sem vo — cê

                Dm
Em5-A7 Dm7 C
O que ia ser de mim?

          F
Bb Bbº C
Eu ia ficar tão triste

D7   G7   Gm7 C7 (solo: Gm7 C7 F)
Tudo ia tão ruim...

E7   E9-   Am D7 G7
Acontece que a Bahia fez você

      Gm7 C13 C7
Todinha assim

I

           C
F7M Bb Am7
More — na flor etc

II

Para terminar:

                 5+
      Gm   Gm7 C9-
Todinha assim, só para mim

A Rita

Samba

Chico Buarque de Hollanda

TOM — DÓ MAIOR
C   G7   C

Introdução: Ab7   A7   D7   D9   Dm7   D7   G7   C   C9⁶

       Dm7
A Rita levou meu sorriso
G7   C7M
No sorriso dela,
Meu assunto
        Gm7
Levou junto com ela,
       C7
E o que me é de direito
C9   F7M
Arrancou-me do peito.
Tem mais:
     Fm7   Ab13
Levou seu retrato, seu trapo, seu prato,
A7
Que papel!
      D7
Uma imagem de São Francisco
        Dm7
E um bom disco de Noel.

G7   Dm7   G7
A Rita matou nosso amor de vingança,
C7M
Nem herança restou.
        Gm7
Não levou um tostão
       C7
Porque não tinha não,
        F7M
Mas causou perdas e danos.
      Ab7
Levou os meus planos,
Meu pobres enganos,
       A7
Os meus vinte anos,
   D9
O meu coração,
       Dm7
E além de tudo
   D7   G7   C F C7M⁹
Me deixou mudo um violão.

Amada Amante

Roberto Carlos e
Erasmo Carlos

TOM — RÉ MAIOR
D   A7   D

Introdução: D Em7 A7 D Em7 A7

  D   Em
Esse amor demais antigo
           A7
Amor demais amigo
               D A7
Que de tanto amor viveu
  D   Em
Que manteve acesa a chama
             A7
Da verdade de quem ama
              D Bm
Antes e depois do amor
F#7   Bm
E você amada amante
       E7
Faz da vida um instante
         A7
Ser demais para nós dois
  D   Em
Esse amor sem preconceito
        A7
Sem saber o que é direito
           D A7
Faz as suas próprias leis
  D   Em
Que flutua no meu leito
        A7
Que explode no meu peito
       D
E supera o que já fez
F#7   Bm
Nesse mundo disamante
    E7
Só você amada amante
        A7
Faz o mundo de nós dois

         9
D D7M Em   Em7 A7   F#m7 Em7
Amada amante,   amada amante
         9
D D7M Em   Em7 A7   D A7
Amada amante,   amada amante
F#7   Bm
E você amada amante
       E7
Faz da vida um instante
         A7
Ser demais para nós dois
D   Em
Esse amor sem preconceito
        A7
Sem saber o que é direito
           D A7
Faz as suas próprias leis
D   Em
Que flutua no meu leito
        A7
Que explode no meu peito
       D
E supera o que já fez
F#7   Bm
Nesse mundo disamante
    E7
Só você amada amante
        A7
Faz o mundo de nós dois.

        9
D D7M Em
Amada amante, etc

Realejo

Samba-canção

Chico Buarque de Hollanda

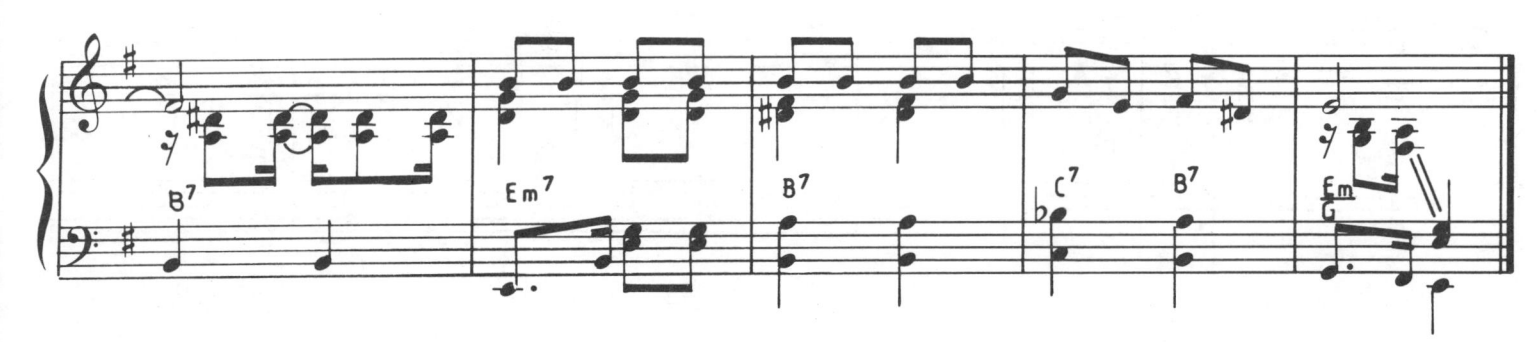

TOM — MI MENOR
Em   B7   Em

Introdução: Em7   B7   C7   B7   Em

Estribilho

  B7   E
Estou vendendo um realejo
G7   C7M
Quem vai levar?
  E4 Am7
Quem vai levar?
  B7
Quem vai levar?

  B7   E
Já vendi tanta alegria
  G7   C
Vendi sonhos a varejo
C7M A°   B7   E
Ninguém mais quer hoje em dia
 G#7 C#m7 A7 D
Acreditar   no realejo
 D7   G
Sua sorte, seu desejo
  G7   C
Ninguém mais veio tirar
  C7M   F#7 C#m7
Então eu vendo um reale—jo
 B7
Quem vai levar?

Estribilho

  B7   E
Estou vendendo um realejo (etc)

**(Há um solo depois do estribilho
antes dos versos; são estes os acordes)**

B7 E G7 C Bm7 Am Am6 B7

   B7   E
Quando eu punha na calçada
  G7   C
Sua valsa encantadora
  A° B7 E
Vinha moça apaixonada
G#7 C#m7 A7 D
Vinha moça casadoura
  D7   G
Hoje em dia já não vejo
  G7   C
Serventia em seu cantar
  C7M   F#7 C#m7
Então eu vendo um rale—jo
 B7
Quem vai levar?

Estribilho

  B7   E
Estou vendendo um realejo (etc)

  B7   E
Quem comprar leva consigo
  G7   C
Todo encanto que ele traz
C7M A° B7 E
Leva o mar, a amada, o amigo
 G#7 C#m7 A7 D
O ouro, a prata, a praça, a paz
 D7   G
E de quebra leva o arpêjo
  G7   C
Da sua valsa, se agradar
  C7M   F#7
Estou vendendo um realejo
  B7 F#m E
Quem vai levar?
G7   C
Quem vai levar?
  E4 Am7
Quem vai levar?
  B7
Quem vai levar?

Rosa dos Ventos

Bolero

Chico Buarque de Hollanda

247

F#m5-
B7
Em7
Am7
D7
G
C 6 9
C7M
F#m5-
B7
Em
E♭7
E♭9
D7
Gm
Gm
Gm7
Cm7
F7
B♭
Cm7
Am5-
D7
Gm
F#m5-
B7
Em
E7
E9-
D.C.
e
Em

TOM — MI MENOR
Em   B7   Em

Introdução: Am7   D7   G7M   Em7   C9   Am7   F#m5-   B7

```
     Em   Em9              Am7
     É do amor gritou-se o escândalo
           C
           D.         G
     Do medo criou-se o trágico
           C7M           F#m5-
     No rosto pintou-se o pálido
     B7    B9-    Em
     E não rolou uma lágrima
              Eb9              D7
     Nem uma lástima, prá socorrer


     Gm   Gm7       Cm
     E na gente deu o hábito
     F7            Bb7M
     De caminhar pelas trevas
     Bb               Am5-
     De murmurar entre as pregas
     D7          Gm
     De tirar leite das pernas
     F#m5-  B9-     Em   Em7
     De ver o tempo correr


              Em
     Em7      D     Am
     Mas, sob o solo dos séculos
                        6
     D7          G7M  C9 C7M            F#m5-
     Amanheceu o espetáculo   como a chuva de pétalas
 B7                   Em
     Como se o céu vendo as penas
              Eb7       Eb9       Ab7M
     Morresse de pena, e chovesse o perdão


Ab7M             Gm7
     E a prudência dos sábios
            C9-   C7     Fm
     Nem ousou conter nos lábios
         Fm7       F#m5-  B7
     O sorriso e a paixão
     Em              Am7
     Pois transbordando de flores
         D7           G
     A calma dos lagos zangou-se
         6
         C9    C7M      F#m5-
     A rosa dos ventos danou-se
     B7              Em
     O leito dos rios fartou-se
                    Eb7
     E inundou a água doce
         Eb9     D7  Gm
     A amargura do mar
Gm           Gm7         Cm7
     Numa enchente amazônica
     F7             Bb
     Numa explosão atlântica
     Cm7                Am5-
     E  a multidão vendo em pânico
         D7           Gm
     E a  multidão vendo atônita
              B7              Em   E7   E9-
     Ainda que tarde, o seu despertar
```

O Portão

Roberto Carlos e
Erasmo Carlos

© Copyright 1974 by Editora Mundo Musical Ltda.
Todos os direitos autorais reservados - All rights reserved.

TOM — FÁ MAIOR
F   C7   F

Introdução: Gm7 C7 Gm7

     F   F7   F6
     Eu cheguei em frente ao portão
     F   F7   F6   F7M
     Meu cachorro me sorriu latindo
Gm   C7
     Minhas malas coloquei no chão
        F F7M F6 F7M
     Eu voltei
     F   F7M   F6
     Tudo estava igual como era antes
     F   F7M F6 F7M
     Quase nada se modificou
Gm   C7
     Acho que só eu mesmo mudei
            6
     F F6 F9
     E voltei ...
      Gm   C7
     Eu voltei, agora pra ficar
       F   F
     Porque aqui, aqui é o meu lugar
       Gm   C7
     Eu voltei pras coisas que eu deixei
     F
     Eu voltei...
    F   F7M   F6
    Fui abrindo a porta devagar
    F   F7M   F6
    Mas deixei a luz entrar primeiro
Gm   C7
    Todo meu passado iluminei
      F F7M F6 F7M
    E entrei...
    F   F7M   F6
    Meu retrato ainda na parede
    F   F7M   F6
    Meio amarelado pelo tempo
Gm   C7
    Como a perguntar por onde andei

              6
    F F6 F9
    E eu falei...
     Gm   C7
    Onde andei não deu para ficar
       F   F
    Porque aqui, aqui é o meu lugar
      Gm   C7
    Eu voltei pras coisas que eu deixei
     F
    Eu voltei...
  F   F7M   F6
  Sem saber depois de tanto tempo
  F   F7M   F6
  Se havia alguém a minha espera
Gm   C7
  Passos indecisos caminhei
    F F7M F6 F7M
  E parei...
  F   F7M   F6
  Quando vi que dois braços abertos
  F   F7M   F6
  Me abraçaram como antigamente
Gm   C7
  Tanto quis dizer e não falei
            6
  F F7M F6 F9
  E chorei
   Gm   C7
  Eu voltei, agora prá ficar
    F   F
  Porque aqui, aqui é o meu lugar
    Gm   C7
  Eu voltei pras coisas que eu deixei
            6
  F F7M F6 F9
  Eu voltei...
F   F7M   F6
  Eu cheguei em frente ao portão...

O SEGREDO MARAVILHOSO DAS CIFRAS

Atendendo à diversos telefonemas de Professores e Pianistas que não tocam pelo Sistema Cifrado, transcrevo aqui algumas rápidas orientações de «Como tocar a Música Popular por Cifras».

Não irei apresentar precisamente uma aula, porque o espaço é pequeno, mas apenas algumas «Dicas» para aqueles que me telefonam do interior, baseado no sucesso desta Enciclopédia «O Melhor da Música Popular Brasileira», atualmente em 7 volumes, cujo 1.º volume já atingiu a 3.ª edição em menos de um ano.

GOSTAR DE CIFRAS

Antes de dar a primeira «Dica», gostaria de dizer que o melhor remédio para aprender Cifras é «Gostar delas» e não querer aprender já vindo «Sem vontade de gostar», pois seu estudo requer muito gosto, ação criadora e ritmo próprio. É mais uma matéria importante que vai somar aos seus conhecimentos musicais, porque será, sem dúvida alguma, uma prova de Ritmo, onde você poderá criar maravilhas com estas simples Cifras, que nada mais são que uma oportunidade para colocar em prática todos os seus conhecimentos de Harmonia ou os seus dons naturais deste seu ouvido absoluto que Deus lhe deu.

CIFRAS

São letras e sinais convencionais que se colocam acima ou abaixo de uma Melodia, para representar os acordes do Acompanhamento. As Cifras, mundialmente conhecidas, são escritas em Lingua Anglo Saxônia e Lingua Latina.

```
DÓ  RÉ  MI  FÁ  SOL  LÁ  SI  (Lingua Latina)
C   D   E   F   G    A   B   (Anglo Saxônia)
```

ORDEM ALFABÉTICA

As notas em Lingua Anglo Saxônia, seguem a ordem do alfabeto;

A B C D E F G

Começa na letra **A**, que é a nota Lá, por ser a nota principal do Diapasão Normal. As Cifras são usadas desde a Idade Média.

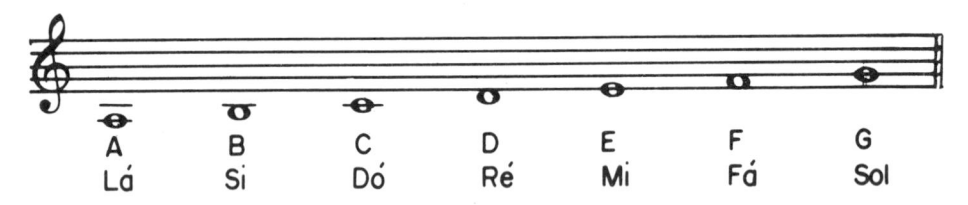

A	B	C	D	E	F	G
Lá	Si	Dó	Ré	Mi	Fá	Sol

Na Cifragem Anglo Saxônia, os acordes maiores são representados apenas pela letra maiúscula correspondente, e nos acordes menores acrescentando um **m** (minúsculo). Ex. C - DÓ Maior e Cm - DÓ menor.

SINAIS CONVENCIONAIS PARA REPRESENTAR OS ACORDES
(EXEMPLO EM C - DÓ)

C	Lê-se DÓ Maior		Cm	Lê-se	DÓ Menor
C5+	" DÓ com 5.ª aumentada		Cm6	"	DÓ menor com sexta
C6	" DÓ com sexta		C dim (C.°)	"	DÓ Sétima Diminuta
C7	" DÓ Sétima (menor) Dominante		Cm7	"	DÓ menor Sétima
C7M	" DÓ Sétima Maior		C9−(C79−)	"	DÓ com nona menor
C9(C79)	" DÓ nona Maior				

(Assim em todos os tons)

ALGUNS ACORDES FORMADOS SOBRE A TÔNICA C - DÓ
(SOMENTE NO ESTADO FUNDAMENTAL)

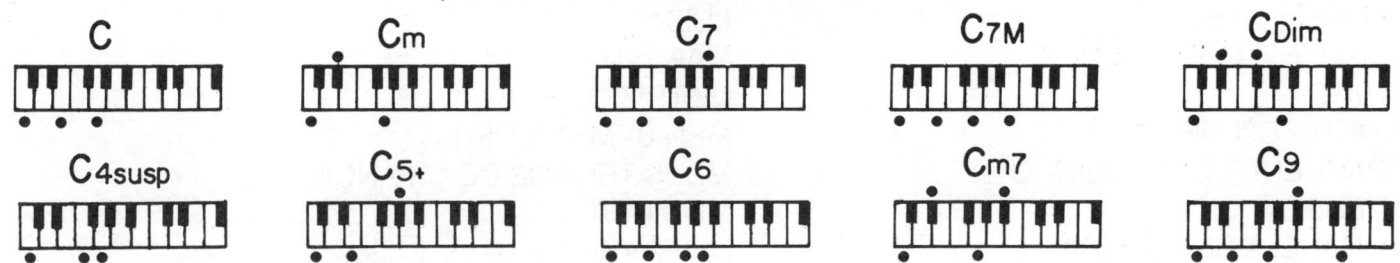

C   Cm   C7   C7M   CDim

C4susp   C5+   C6   Cm7   C9

Os acordes de C7, C7M e C9, podem ser simplificados, substituindo-os por C e os de Cm7 podem ser substituídos por Cm.

Para se formar o acorde de 4.ª Suspensa, retira-se a 3.ª do acorde (MI) e coloca-se a 4.ª que é o Fá (no tom de DÓ). Esta 4.ª chama-se Suspensa porque causa uma impressão de Suspense no acorde.

Os violonistas quase sempre substituem o acorde de Quinta Diminuta por 7.ª Diminuta. Ex: Cm5- por Cdim ou C.º.

ACORDES PARADOS E ARPEJADOS PARA PRINCIPIANTES

Para que os principiantes possam tocar todas as músicas desta Enciclopédia, deixo aqui uma pequena «Dica», que por certo vai dar-lhes a oportunidade de executar suas músicas, extravasando assim sua ansiedade de tocar, mesmo que seja de uma maneira fácil e simples. Como eles não podem ainda movimentar e produzir ritmos com os acordes da Mão Esquerda, aconselho tocar os Acordes Parados ou Arpejados. Deverão tocar somente as notas de cima da Melodia que está na Clave de Sol, observando as Cifras dos acordes e mudando-os todas as vezes que aparecer uma Cifra diferente.

MÃO ESQUERDA

C (Acorde Parado)   Sol Mi Dó   C (Acorde Arpejado) Dó Mi Sol Mi Dó Mi Sol Mi

RONDA

F   Am   Am5-   D

Dó Lá Fá — Parado   Mi Dó Lá — Parado   Mib Dó Lá — Parado   Ré Fá# Lá — Arpejado   etc.

O SEGREDO MARAVILHOSO DAS CIFRAS
E
COMO TOCAR A MÚSICA POPULAR POR CIFRAS

Para os interessados em executar a Música Popular por Cifras, recomendo adquirir duas obras importantes, onde serão encontrados todos os ensinamentos do SISTEMA CIFRADO: «O SEGREDO MARAVILHOSO DAS CIFRAS» e «COMO TOCAR A MÚSICA POPULAR POR CIFRAS», que se encontram no 3.º volume da obra: «120 Músicas Favoritas para Piano», de Mário Mascarenhas.

Também, será de muito proveito, para completar este estudo, adquirir o «MÉTODO DE ÓRGÃO ELETRÔNICO», do mesmo autor, onde contém as Cifras mais completas e com os acordes mais dissonantes.

VOLUME 1

ABISMO DE ROSAS
ÁGUAS DE MARÇO
ALEGRIA, ALEGRIA
AMANTE À MODA ANTIGA
AMIGO
A NOITE DO MEU BEM
APANHEI-TE, CAVAQUINHO
APELO
AQUARELA BRASILEIRA
ARROMBOU A FESTA
AS ROSAS NÃO FALAM
ATRÁS DA PORTA
BACHIANAS BRASILEIRAS N 5
BOA NOITE, AMOR
BOATO
CAÇADOR DE MIM
CAFÉ DA MANHÃ
CANÇÃO QUE MORRE NO AR
CARCARÁ
CARINHOSO
CAROLINA
CHÃO DE ESTRELAS
CIDADE MARAVILHOSA
CONCEIÇÃO
DÁ NELA
DE CONVERSA EM CONVERSA
DEUSA DA MINHA RUA
DISSE ME DISSE
DORINHA, MEU AMOR
DUAS CONTAS
EMOÇÕES
ESMERALDA
ESSES MOÇOS
ESTÃO VOLTANDO AS FLORES
ESTRADA DA SOLIDÃO
FESTA DO INTERIOR
FIM DE SEMANA EM PAQUETÁ
FIO MARAVILHA
FLOR AMOROSA
FOLHAS SÊCAS
GAROTA DE IPANEMA
GENTE HUMILDE
GOSTO QUE ME ENROSCO
INFLUÊNCIA DO JAZZ
JANGADEIRO
JANUÁRIA
JURA
LADY LAURA
LÁGRIMAS DE VIRGEM
LATA D'ÁGUA

LIGIA
LUAR DO SERTÃO
LUIZA
MARVADA PINGA
MATRIZ OU FINAL
MEU BEM QUERER
MEUS TEMPOS DE CRIANÇA
MODINHA
NA PAVUNA
NÃO DÁ MAIS PRA SEGURAR (EXPLODE CORAÇÃO)
NÃO EXISTE PECADO AO SUL DO EQUADOR
NÃO IDENTIFICADO
NOSSOS MOMENTOS
Ó ABRE ALAS
O BÊBADO E A EQUILIBRISTA
O MORRO NÃO TEM VEZ
ONDE ANDA VOCÊ
OS SEUS BOTÕES
O TEU CABELO NÃO NÉGA
PARALELAS
PELA LUZ DOS OLHOS TEUS
PELO TELEFONE
PÉTALA
PRELÚDIO PARA NINAR GENTE GRANDE
QUANDO VIM DE MINAS
REFÉM DA SOLIDÃO
REGRA TRÊS
ROMARIA
RONDA
SAMBA EM PRELÚDIO
SE ELA PERGUNTAR
SEI LÁ MANGUEIRA
SERRA DA BOA ESPERANÇA
SERTANEJA
SE TODOS FOSSEM IGUAIS A VOCÊ
SÓ DANÇO SAMBA
SONS DE CARRILHÕES
SUBINDO AO CÉU
TERNURA ANTIGA
TICO-TICO NO FUBÁ
TRAVESSIA
TREM DAS ONZE
TROCANDO EM MIÚDOS
TUDO ACABADO
ÚLTIMO DESEJO
ÚLTIMO PAU DE ARARA
VALSINHA
VASSOURINHA
VERA CRUZ
VIAGEM

VOLUME 2

AÇAÍ
A DISTÂNCIA
A FLOR E O ESPINHO
A MONTANHA
ANDRÉ DE SAPATO NOVO
ATÉ AMANHÃ
ATÉ PENSEI
ATRÁS DO TRIO ELÉTRICO
A VIDA DO VIAJANTE
BATIDA DIFERENTE
BLOCO DA SOLIDÃO
BONECA
BREJEIRO
CHEIRO DE SAUDADE
CHICA DA SILVA
CHOVE CHUVA
CHUVA, SUOR E CERVEJA
CHUVAS DE VERÃO
CADEIRA VAZIA
CANÇÃO DO AMANHECER
CANTO DE OSSANHA
DA COR DO PECADO
DINDI
DOMINGO NO PARQUE
ELA É CARIOCA
EU SONHEI QUE TU ESTAVAS TÃO LINDA
EXALTAÇÃO À BAHIA
EXALTAÇÃO A TIRADENTES
FÉ
FEITIÇO DA VILA
FOI A NOITE
FOLHAS MORTAS
FORÇA ESTRANHA
GALOS, NOITES E QUINTAIS
HOJE
IMPLORAR
INÚTIL PAISAGEM
JESUS CRISTO
LAMENTOS
LEMBRANÇAS
MARIA NINGUÉM
MARINA
MAS QUE NADA
MEU PEQUENO CACHOEIRO
MEU REFRÃO
MOLAMBO
MULHER RENDEIRA
MORMAÇO
MULHER
NOITE DOS NAMORADOS

NO RANCHO FUNDO
NOVA ILUSÃO
Ó PÉ DE ANJO
OBSESSÃO
ODEON
O DESPERTAR DA MONTANHA
OLHOS VERDES
O MENINO DE BRAÇANÃ
O MUNDO É UM MOINHO
ONDE ESTÃO OS TAMBORINS
O ORVALHO VEM CAINDO
O QUE É AMAR
PAÍS TROPICAL
PASTORINHAS
PIERROT APAIXONADO
PISA NA FULÔ
PRA DIZER ADEUS
PRA FRENTE BRASIL
PRA QUE MENTIR?
PRA SEU GOVERNO
PRIMAVERA (VAI CHUVA)
PROPOSTA
QUASE
QUANDO EU ME CHAMAR SAUDADE
QUEREM ACABAR COMIGO
RANCHO DA PRAÇA ONZE
RETALHOS DE CETIM
RETRATO EM BRANCO E PRETO
RODA VIVA
SÁBADO EM COPACABANA
SAMBA DE ORFEU
SÁ MARINA
SAUDADES DE OURO PRETO
SAUDOSA MALOCA
SE ACASO VOCÊ CHEGASSE
SEGREDO
SEM FANTASIA
TARDE EM ITAPOAN
TATUAGEM
TERRA SÊCA
TESTAMENTO
TORÓ DE LÁGRIMAS
TRISTEZA
TRISTEZAS NÃO PAGAM DÍVIDAS
ÚLTIMA FORMA
VAGABUNDO
VAI LEVANDO
VAMOS DAR AS MÃOS E CANTAR
VÊ SE GOSTAS
VIVO SONHANDO

VOLUME 3

A BAHIA TE ESPERA
ABRE A JANELA
ADEUS BATUCADA
AGORA É CINZA
ÁGUA DE BEBER
AMADA AMANTE
AMIGA
AQUELE ABRAÇO
A RITA
ASA BRANCA
ASSUM PRETO
A VOLTA DO BOÊMIO
ATIRASTE UMA PEDRA
BARRACÃO
BERIMBAU
BODAS DE PRATA
BOIADEIRO
BOTA MOLHO NESTE SAMBA
BOTÕES DE LARANJEIRA
CAMINHEMOS
CANSEI DE ILUSÕES
CAPRICHOS DE AMOR
CASA DE CABOCLO
CASTIGO
CHORA TUA TRISTEZA
COM AÇÚCAR, COM AFETO
COM QUE ROUPA
CONSELHO
DEBAIXO DOS CARACÓIS DE SEUS CABELOS
DISSERAM QUE EU VOLTEI AMERICANIZADA
DOIS PRA LÁ, DOIS PRA CÁ
ÉBRIO
É COM ESSE QUE EU VOU
ELA DISSE-ME ASSIM (VAI EMBORA)
ESTRELA DO MAR (UM PEQUENINO GRÃO DE AREIA)
EU E A BRISA
EU DISSE ADEUS
EXALTAÇÃO À MANGUEIRA
FALA MANGUEIRA
FAVELA
FOLHETIM
GENERAL DA BANDA
GRITO DE ALERTA
INGÊNUO
LÁBIOS QUE BEIJEI
LOUVAÇÃO
MANIAS
ME DEIXE EM PAZ
MEU BEM, MEU MAL
MEU MUNDO CAIU

MOCINHO BONITO
MORENA FLOR
MORRO VELHO
NA BAIXA DO SAPATEIRO (BAHIA)
NA RUA, NA CHUVA, NA FAZENDA
NÃO TENHO LÁGRIMAS
NEM EU
NESTE MESMO LUGAR
NOITE CHEIA DE ESTRELAS
NOSSA CANÇÃO
O AMOR EM PAZ
O MOÇO VELHO
O PEQUENO BURGUÊS
OPINIÃO
O PORTÃO
O TIC TAC DO MEU CORAÇÃO
PAZ DO MEU AMOR
PEDACINHOS DO CÉU
PIVETE
PONTEIO
POR CAUSA DE VOCÊ MENINA
PRA MACHUCAR MEU CORAÇÃO
PRIMAVERA
PRIMAVERA NO RIO
PROCISSÃO
QUEM TE VIU, QUEM TE VÊ
QUE PENA
QUE SERÁ
REALEJO
RECADO
REZA
ROSA
ROSA DE MAIO
ROSA DOS VENTOS
SAMBA DO ARNESTO
SAMBA DO AVIÃO
SAMBA DO TELECO-TECO
SAMURAI
SAUDADE DA BAHIA
SAUDADE DE ITAPOAN
SE VOCÊ JURAR
SE NÃO FOR AMOR
SÓ LOUCO
TAJ MAHAL
TEM MAIS SAMBA
TRISTEZAS DO JECA
TUDO É MAGNÍFICO
VINGANÇA
VOCÊ
ZELÃO

VOLUME 4

ALÉM DO HORIZONTE
AMOR CIGANO
APENAS UM RAPAZ LATINO AMERICANO
ARGUMENTO
ARRASTA A SANDÁLIA
ATIRE A PRIMEIRA PEDRA
A VOZ DO VIOLÃO
BAIÃO
BAIÃO DE DOIS
BANDEIRA BRANCA
BEIJINHO DOCE
CABELOS BRANCOS
CAMA E MESA
CAMISOLA DO DIA
CANÇÃO DE AMOR
CANTA BRASIL
CASA DE BAMBA
CASCATA DE LÁGRIMAS
COMO É GRANDE O MEU AMOR POR VOCÊ
COMEÇARIA TUDO OUTRA VEZ
COMO DIZIA O POETA
CONVERSA DE BOTEQUIM
COPACABANA
COTIDIANO
CURARE
DELICADO
DESACATO
DE PAPO PRO Á
DE TANTO AMOR
DISRITMIA
DOCE DE CÔCO
DÓ-RÉ-MI
É LUXO SÓ
EVOCAÇÃO
FALTANDO UM PEDAÇO
FEITIO DE ORAÇÃO
GOSTAVA TANTO DE VOCÊ
GOTA D'ÁGUA
JARDINEIRA
LAURA
LEVANTE OS OLHOS
LINDA FLOR
LOBO BÔBO
MANHÃ DE CARNAVAL
MANINHA
MENINO DO RIO
MENSAGEM
MEU CONSOLO É VOCÊ
MIMI

MINHA
MINHA NAMORADA
MINHA TERRA
MULHERES DE ATENAS
NA CADÊNCIA DO SAMBA
NA GLÓRIA
NADA ALÉM
NÃO SE ESQUEÇA DE MIM
NAQUELA MESA
NÃO TEM SOLUÇÃO
NATAL DAS CRIANÇAS
NERVOS DE AÇO
NINGUÉM ME AMA
NONO MANDAMENTO
NUNCA MAIS
O BARQUINHO
O CIRCO
O INVERNO DO MEU TEMPO
OLHA
OLHOS NOS OLHOS
O MAR
O PATO
O PROGRESSO
O QUE EU GOSTO DE VOCÊ
O SAMBA DA MINHA TERRA
O SOL NASCERÁ
O SURDO
OS ALQUIMISTAS ESTÃO CHEGANDO
OS QUINDINS DE YAYÁ
PARA VIVER UM GRANDE AMOR
PASSAREDO
PÉROLA NEGRA
PIERROT
QUANDO
QUEM HÁ DE DIZER
RIO
SAIA DO CAMINHO
SE É TARDE ME PERDOA
SONOROSO
SUGESTIVO
SÚPLICA CEARENSE
TÁ-HI!
TEREZINHA
TEREZA DA PRAIA
TRANSVERSAL DO SAMBA
TRÊS APITOS
ÚLTIMA INSPIRAÇÃO
UPA NEGUINHO
URUBÚ MALANDRO

VOLUME 5

ACALANTO
ACORDA MARIA BONITA
A FONTE SECOU
AGORA NINGUÉM CHORA MAIS
A JANGADA VOLTOU SÓ
ALÔ, ALÔ, MARCIANO
AOS PÉS DA CRUZ
APESAR DE VOCÊ
A PRIMEIRA VEZ
ARRASTÃO
AS CURVAS DA ESTRADA DE SANTOS
A TUA VIDA É UM SEGREDO
AVE MARIA (SAMBA)
AVE MARIA (VALSA)
AVE MARIA NO MORRO
BALANÇO DA ZONA SUL
BASTIDORES
BEM-TE-VI ATREVIDO
BLOCO DO PRAZER
BORANDÁ
BRASILEIRINHO
BRASIL PANDEIRO
CABOCLO DO RIO
CASTIGO
CAMISA LISTADA
CAPRICHOS DO DESTINO
CHOVE LÁ FORA
CHUÁ-CHUÁ
COMO NOSSOS PAIS
CONSTRUÇÃO
COTIDIANO Nº 2
DANÇA DOS SETE VÉUS (SALOMÉ)
DETALHES
DIA DE GRAÇA
DOCE VENENO
DORA
EMÍLIA
ESSE CARA
EU AGORA SOU FELIZ
EU BEBO SIM
EU TE AMO MEU BRASIL
EXPRESSO 2222
FALSA BAIANA
FERA FERIDA
FIM DE CASO
FITA AMARELA
FOI UM RIO QUE PASSOU EM MINHA VIDA
FOLIA NO MATAGAL
GAVIÃO CALÇUDO
GAÚCHO (CORTA JACA)

HOMEM COM H
HOMENAGEM AO MALANDRO
INQUIETAÇÃO
INSENSATEZ
JARRO DA SAUDADE
JOÃO E MARIA
KALÚ
LUA BRANCA
MÁGOAS DE CABOCLO (CABOCLA)
MARIA
MARINGÁ
MEIGA PRESENÇA
MENINA MOÇA
MEU CARIRI
MEU CARO AMIGO
MORENA DOS OLHOS D'ÁGUA
MULATA ASSANHADA
NÃO DEIXE O SAMBA MORRER
NÃO ME DIGA ADEUS
NEGUE
NICK BAR
NINGUÉM É DE NINGUÉM
NUNCA
OCULTEI
O QUE SERÁ (A FLOR DA TERRA)
O SHOW JÁ TERMINOU
O TROVADOR
OUÇA
PALPITE INFELIZ
PENSANDO EM TI
PONTO DE INTERROGAÇÃO
POR CAUSA DE VOCÊ
PRA VOCÊ
QUANDO AS CRIANÇAS SAÍREM DE FÉRIAS
QUE MARAVILHA
RISQUE
RAPAZIADA DO BRAZ
SAMBA DA BENÇÃO
SAUDADE DE PÁDUA
SAUDADE FEZ UM SAMBA
SE QUERES SABER
SÓ COM VOCÊ TENHO PAZ
SORRIS DA MINHA DOR
SUAS MÃOS
TIGRESA
VELHO REALEJO
VOCÊ ABUSOU
VOCÊ EM MINHA VIDA
VOLTA POR CIMA
XICA DA SILVA

VOLUME 6

A BANDA
AS CANÇÕES QUE VOCÊ FEZ PRA MIM
AH! COMO EU AMEI
AI! QUEM ME DERA
ALGUÉM COMO TU
ALGUÉM ME DISSE
ALÔ ALÔ
ANDANÇA
ANOS DOURADOS
AVENTURA
BILHETE
CHARLIE BROWN
CABELOS NEGROS
CACHOEIRA
CAMUNDONGO
CANÇÃO DA MANHÃ FELIZ
CANÇÃO DA VOLTA
CHEGA DE SAUDADE
CHORA CAVAQUINHO
CHOVENDO NA ROSEIRA
CHUVA DE PRATA
COISAS DO BRASIL
COMEÇAR DE NOVO
CORAÇÃO APAIXONADO
CORAÇÃO APRENDIZ
CORAÇÃO ATEU
CORAÇÃO DE ESTUDANTE
CORCOVADO
DÁ-ME
DE VOLTA PRO ACONCHEGO
DEIXA
DEIXA EU TE AMAR
DESAFINADO
É DOCE MORRER NO MAR
ENCONTROS E DESPEDIDAS
ESTA NOITE EU QUERIA QUE O MUNDO ACABASSE
EU SEI QUE VOU TE AMAR
EU SÓ QUERO UM XODÓ
EU TE AMO
ESCRITO NAS ESTRELAS
FLOR DE LIS
ISTO AQUI O QUE É
JURAR COM LÁGRIMAS
KID CAVAQUINHO
LUA E ESTRELA
LUAR DE PAQUETÁ
LUZ DO SOL
MARIA MARIA
MÁSCARA NEGRA
MINHA PALHOÇA (SE VOCÊ QUIZESSE)

MISTURA
MORENA BOCA DE OURO
NANCY
NO TABULEIRO DA BAIANA
NOS BAILES DA VIDA
NOITES CARIOCAS
NOSSA SENHORA DAS GRAÇAS
O "DENGO" QUE A NEGA TEM
O MENINO DA PORTEIRA
O SANFONEIRO SÓ TOCAVA ISSO
O TRENZINHO DO CAIPIRA
OS PINTINHOS NO TERREIRO
ODARA
ORGULHO
OUTRA VEZ
OVELHA NEGRA
PAPEL MARCHÉ
PEDIDO DE CASAMENTO
PEGA RAPAZ
PISANDO CORAÇÕES
PRECISO APRENDER A SER SÓ
PRIMEIRO AMOR
QUE BATE FUNDO É ESSE?
QUERO QUE VÁ TUDO PRO INFERNO
QUIXERAMOBIM
RASGUEI O TEU RETRATO
SABIÁ
SAMBA DE UMA NOTA SÓ
SAMBA DE VERÃO
SAMBA DO CARIOCA
SAMBA DO PERDÃO
SAXOFONE, PORQUE CHORAS?
SE DEUS ME OUVISSE
SE EU QUISER FALAR COM DEUS
SEI QUE É COVARDIA... MAS
SENTADO À BEIRA DO CAMINHO
SERENATA SUBURBANA
SETE MARIAS
SINA
SOLIDÃO
TRISTEZA DANADA
UM A ZERO (1 x 0)
VAI PASSAR
VIDE VIDA MARVADA
VIOLA ENLUARADA
VIOLÃO NÃO SE EMPRESTA A NINGUÉM
VOCÊ E EU
WAVE
ZÍNGARA
ZINHA

VOLUME 7

A FELICIDADE
A MAJESTADE O SABIÁ
A SAUDADE MATA A GENTE
A VOZ DO MORRO
ÁLIBI
ALMA
ANDORINHA PRETA
ANTONICO
AS PRAIAS DESERTAS
AS VOZES DOS ANIMAIS
AVE MARIA
AZUL
AZUL DA COR DO MAR
BABY
BANDEIRA DO DIVINO
BALADA DO LOUCO
BALADA TRISTE
BATUQUE NO MORRO
BEIJO PARTIDO
BOLINHA DE PAPEL
BONECA DE PIXE
BRANCA
CAMISA AMARELA
CANÇÃO DA AMÉRICA
CASA NO CAMPO
CASINHA DA MARAMBAIA
CÉU E MAR
COMO UMA ONDA
COMO VAI VOCÊ
CORAÇÃO APRENDIZ
DAS ROSAS
DE CORAÇÃO PRA CORAÇÃO
DENTRO DE MIM MORA UM ANJO
DESLIZES
DEZESSETE E SETECENTOS
ERREI, ERRAMOS
ESQUINAS
EU DARIA MINHA VIDA
EU TE AMO VOCÊ
ÊXTASE
FICA COMIGO ESTA NOITE
FOI ELA
FOGÃO
GAROTO MAROTO
IZAURA
JUVENTUDE TRANSVIADA
LAMPIÃO DE GÁS
LAPINHA
LEVA MEU SAMBA (MEU PENSAMENTO)
LILÁS

LONDON LONDON
MADALENA
MAMÃE
MARCHA DA QUARTA-FEIRA DE CINZAS
MOÇA
MORO ONDE NÃO MORA NINGUÉM
MUITO ESTRANHO
NADA POR MIM
NADA SERÁ COMO ANTES
NAMORADINHA DE UM AMIGO MEU
NÃO QUERO VER VOCÊ TRISTE
NEM MORTA
NÓS E O MAR
O LADO QUENTE DO SER
O QUE É QUE A BAIANA TEM
O TREM AZUL
OS MENINOS DA MANGUEIRA
PALCO
PÃO E POESIA
PARA LENNON E McCARTNEY
PEDE PASSAGEM
PEGANDO FOGO
PEGUEI UM "ITA" NO NORTE
POEMA DAS MÃOS
PRA COMEÇAR
PRA NÃO DIZER QUE NÃO FALEI DAS FLORES
QUEM É
QUEM SABE
RAPAZ DE BEM
RECADO
ROQUE SANTEIRO
ROSA MORENA
ROTINA
SAMPA
SANGRANDO
SAUDADES DE MATÃO
SEDUZIR
SÓ EM TEUS BRAÇOS
SÓ TINHA DE SER COM VOCÊ
SORTE
TELEFONE
TEMA DE AMOR DE GABRIELA
TRISTE MADRUGADA
UM DIA DE DOMINGO
UM JEITO ESTÚPIDO DE TE AMAR
UMA NOITE E MEIA
VAGAMENTE
VOCÊ É LINDA
VOLTA
XAMEGO

VOLUME 8

A LENDA DO ABAETÉ
A LUA E EU
A VOLTA
ADOCICA
AGUENTA CORAÇÃO
AI! QUE SAUDADES DA AMÉLIA
AMANHÃ
AMÉRICA DO SUL
ANTES QUE SEJA TARDE
AZULÃO
BACHIANAS BRASILEIRAS nº4
BAHIA COM H
BANDOLINS
BANHO DE CHEIRO
BEATRIZ
BOI BUMBÁ
CAIS
CANÇÃO DA CRIANÇA
CANÇÃO DO AMOR DEMAIS
CODINOME BEIJA-FLOR
COM MAIS DE 30
COMUNHÃO
CORAÇÃO DE PAPEL
DANÇANDO LAMBADA
DESABAFO
DESESPERAR JAMAIS
DISPARADA
DONA
EGO
ESMOLA
ESPANHOLA
ESPINHA DE BACALHAU
ETERNAS ONDAS
EU DEI
EU NÃO EXISTO SEM VOCÊ
FACEIRA
FÃ Nº 1
FANATISMO
FARINHADA
FLOR DO MAL
FOI ASSIM
FORRÓ NO CARUARÚ
FRACASSO
FUSCÃO PRETO
GOSTOSO DEMAIS
GITA
HINO DO CARNAVAL BRASILEIRO
ILUSÃO À TOA
ISTO É LÁ COM SANTO ANTÔNIO
JURA SECRETA

LÁBIOS DE MEL
LEVA
LINHA DO HORIZONTE
LUA E FLOR
LUZ NEGRA
ME CHAMA
MEIA LUA INTEIRA
MERGULHO
MEU QUERIDO, MEU VELHO, MEU AMIGO
MEU MUNDO E NADA MAIS
MEXERICO DA CANDINHA
MUCURIPE
NA BATUCADA DA VIDA
NA HORA DA SEDE
NA SOMBRA DE UMA ÁRVORE
NÓS QUEREMOS UMA VALSA
NUVEM DE LÁGRIMAS
O AMANHÃ
O HOMEM DE NAZARETH
OLÊ - OLÁ
O MESTRE SALA DOS MARES
O SAL DA TERRA
OCEANO
ONDE ESTÁ O DINHEIRO?
O XÓTE DAS MENINAS
PEDRO PEDREIRO
PEQUENINO CÃO
PIOR É QUE EU GOSTO
PODRES PODERES
QUEM AMA, NÃO ENJOA
REALCE
REVELAÇÃO
SÁBADO
SAIGON
SAUDADE
SEM COMPROMISSO
SCHOTTIS DA FELICIDADE
SIGA
SURURÚ NA CIDADE
TALISMÃ
TEM CAPOEIRA
TETÊ
TIETA
UMA LOIRA
UMA NOVA MULHER
UNIVERSO NO TEU CORPO
VERDADE CHINESA
VIDA DE BAILARINA
VOCÊ JÁ FOI À BAHIA?
VITORIOSA

VOLUME 9

A COR DA ESPERANÇA
A PAZ
ACONTECE
ACONTECIMENTOS
ADMIRÁVEL GADO NOVO
AMOR DE ÍNDIO
AMOROSO
AOS NOSSOS FILHOS
APARÊNCIAS
ARREPENDIMENTO
AVES DANINHAS
BAIÃO CAÇULA
BAILA COMIGO
BANHO DE ESPUMA
BEIJA-ME
BIJUTERIAS
BOAS FESTAS
BOM DIA TRISTEZA
BRIGAS NUNCA MAIS
BRINCAR DE VIVER
CÁLICE
CASINHA BRANCA
CASO COMUM DE TRÂNSITO
CHOROS Nº 1
COISA MAIS LINDA
COMEÇO, MEIO E FIM
CORAÇÃO LEVIANO
CORRENTE DE AÇO
DÁ-ME TUAS MÃOS
DE ONDE VENS
DEVOLVI
DOLENTE
E NADA MAIS
E SE
ESPELHOS D´ÁGUA
ESPERE POR MIM, MORENA
ESTÁCIO HOLLY ESTÁCIO
ESTRANHA LOUCURA
EU APENAS QUERIA QUE VOCÊ SOUBESSE
FACE A FACE
FAZ PARTE DO MEU SHOW
FÉ CEGA, FACA AMOLADA
FEIA
FEIJÃOZINHO COM TORRESMO
FIM DE NOITE
FITA MEUS OLHOS
FOI ASSIM
FOTOGRAFIA
GUARDEI MINHA VIOLA
HOMENAGEM A VELHA GUARDA

IDEOLOGIA
ILUMINADOS
JOU-JOU BALANGANDANS
LAMENTO NO MORRO
LINDO BALÃO AZUL
LINHA DE PASSE
MALUCO BELEZA
MANHÃS DE SETEMBRO
MANIA DE VOCÊ
MEDITAÇÃO
MEU DRAMA
MINHA RAINHA
MORRER DE AMOR
NOSTRADAMUS
O POETA APRENDIZ
O TREM DAS SETE
OLHE O TEMPO PASSANDO
ORAÇÃO DE MÃE MENININHA
PEDAÇO DE MIM
PEGUEI A RETA
PELO AMOR DE DEUS
PERIGO
POXA
PRANTO DE POETA
PRECISO APRENDER A SÓ SER
PRELÚDIO
PRELÚDIO Nº 3
PRO DIA NASCER FELIZ
QUALQUER COISA
QUANDO O TEMPO PASSAR
RANCHO DO RIO
RATO RATO
RENÚNCIA
RIO DE JANEIRO (ISTO É MEU BRASIL)
SAUDADE QUERIDA
SEM PECADO E SEM JUÍZO
SENTINELA
SEPARAÇÃO
SEREIA
SERENATA DA CHUVA
SOL DE PRIMAVERA
SOMOS IGUAIS
SONHOS
SORRIU PRA MIM
TELETEMA
TODA FORMA DE AMOR
TODO AZUL DO MAR
TRISTEZA DE NÓS DOIS
UM SER DE LUZ
UMA JURA QUE FIZ

VOLUME 10

A LUA QUE EU TE DEI
A MULHER FICOU NA TAÇA
A TERCEIRA LÂMINA
ACELEROU
ALVORECER
AMAR É TUDO
ASSIM CAMINHA A HUMANIDADE
AVE MARIA DOS NAMORADOS
BLUES DA PIEDADE
BOM DIA
BYE BYE BRASIL
CALÚNIA
CASO SÉRIO
CHORANDO BAIXINHO
CHUVA
CIGANO
CIRANDEIRO
CLUBE DA ESQUINA Nº 2
COISA FEITA
COR DE ROSA CHOQUE
CORAÇÃO VAGABUNDO
DEUS LHE PAGUE
DEVOLVA-ME
DIVINA COMÉDIA HUMANA
DOM DE ILUDIR
É DO QUE HÁ
É O AMOR
ENTRE TAPAS E BEIJOS
ESPERANDO NA JANELA
ESQUADROS
ESTE SEU OLHAR
ESTRADA AO SOL
ESTRADA DA VIDA
EU VELEJAVA EM VOCÊ
FEITINHA PRO POETA
FEZ BOBAGEM
FORMOSA
FULLGAS
GOOD BYE BOY
INFINITO DESEJO
IRACEMA
JOÃO VALENTÃO
JUÍZO FINAL
LANÇA PERFUME
LATIN LOVER
LEÃO FERIDO
LUA DE SÃO JORGE
LUZ E MISTÉRIO
MAIS FELIZ
MAIS UMA VALSA, MAIS UMA SAUDADE
MALANDRAGEM
MENTIRAS
METADE
METAMORFOSE
MINHA VIDA
MINHAS MADRUGADAS
NÃO ME CULPES
NÃO TEM TRADUÇÃO
NAQUELA ESTAÇÃO
NÚMERO UM
O QUE É, O QUE É
O QUE TINHA DE SER
O SONHO
O TEMPO NÃO PARA
OBA LA LA
ONTEM AO LUAR
OURO DE TOLO
PARTIDO ALTO
PAU DE ARARA
PEDACINHOS
PELA RUA
PENSAMENTOS
PODER DE CRIAÇÃO
POR CAUSA DESTA CABOCLA
POR ENQUANTO
POR QUEM SONHA ANA MARIA
PORTA ESTANDARTE
PRA QUE DINHEIRO
PRAÇA ONZE
PRECISO DIZER QUE TE AMO
PRECISO ME ENCONTRAR
PUNK DA PERIFERIA
RAINHA PORTA-BANDEIRA
RESPOSTA AO TEMPO
RIO
SE...
SEI LÁ A VIDA TEM SEMPRE RAZÃO
SENTIMENTAL DEMAIS
SERENATA DO ADEUS
SINAL FECHADO
SÓ PRA TE MOSTRAR
SOZINHO
SUAVE VENENO
TRISTE
VALSA DE REALEJO
VIAGEM
VILA ESPERANÇA
VOCÊ
VOU VIVENDO

IMPRESSO EM
JUNHO/2010